Toutes celles que j'étais
d'Abla Farhoud
est le mille cinquante-quatrième ouvrage
publié chez
VLB ÉDITEUR.

Direction littéraire : Annie Goulet
Maquette de la couverture : Ping Pong Ping
Photo en couverture : Andrew Rich / iStock
Photo de l'auteure : Mathieu Rivard

Catalogage avant publication de Bibliothèque et Archives nationales du Québec
et de Bibliothèque et Archives Canada

Farhoud, Abla, 1945-

    Toutes celles que j'étais

    ISBN 978-2-89649-589-4

    1. Farhoud, Abla, 1945- . 2. Écrivains québécois - 20ᵉ siècle - Biographies.
2. Canadiennes d'origine libanaise - Québec (Province) - Biographies. I. Titre.
PS8561.A687Z47 2015   C848'.54   C2015-940356-1
PS9561.A687Z47 2015

VLB ÉDITEUR

Groupe Ville-Marie Littérature inc.★
Une société de Québecor Média
1010, rue De La Gauchetière Est
Montréal (Québec) H2L 2N5
Tél. : 514 523-7993, poste 4201
Téléc. : 514 282-7530
Courriel : vml@groupevml.com
Vice-président à l'édition : Martin Balthazar

DISTRIBUTEUR :

Les Messageries ADP inc.★
2315, rue de la Province
Longueuil (Québec) J4G 1G4
Tél. : 450 640-1234
Téléc. : 450 674-6237
★ filiale du Groupe Sogides inc.,
  filiale de Québecor Média inc.

VLB éditeur bénéficie du soutien de la Société de développement des entreprises
culturelles du Québec (SODEC) pour son programme d'édition.
Gouvernement du Québec – Programme de crédit d'impôt pour l'édition de
livres – Gestion SODEC.
Nous reconnaissons l'aide financière du gouvernement du Canada par l'entremise
du Fonds du livre du Canada pour nos activités d'édition.
Nous remercions le Conseil des arts du Canada de l'aide accordée à notre
programme de publication.

Dépôt légal : 2ᵉ trimestre 2015

TOUTES CELLES
QUE J'ÉTAIS

De la même auteure

THÉÂTRE

Les filles du 5-10-15 ¢, théâtre, Carnières, Lansman, 1993 (prix Arletty, France, 1993).

Quand j'étais grande, théâtre, Solignac, Le bruit des autres, 1994.

Jeux de patience, théâtre, Montréal, VLB éditeur, coll. « Théâtre », 1997.

Quand le vautour danse, théâtre, Carnières, Lansman, 1997.

Maudite machine, théâtre, Trois-Pistoles, Éditions Trois-Pistoles, 1999.

Les rues de l'alligator, théâtre, Montréal, VLB éditeur, 2003.

ROMAN

Le bonheur a la queue glissante, roman, Montréal, l'Hexagone, coll. « Fictions », 1998 (prix France-Québec – Philippe Rossillon) ; Montréal, Typo, 2004.

Splendide solitude, roman, Montréal, l'Hexagone, coll. « Fictions », 2001.

Le fou d'Omar, Montréal, VLB éditeur, coll. « Fictions », 2005 (Prix du roman francophone, France, 2006).

Le sourire de la petite juive, Montréal, VLB éditeur, 2011 ; Typo, 2013.

TOUTES CELLES
QUE J'ÉTAIS

Abla Farhoud

vlb éditeur

Une société de Québecor Média

1

J'ai hâte d'aller voir bayé à Canada

La lettre de bayé

Vite j'entre vite dans la cuisine parce que je veux ressortir vite. Je vois mon frère debout en face de m'ma. Il lui lit une lettre à haute voix. C'est toujours mon frère qui lit les lettres parce que m'ma elle aime pas lire beaucoup. Depuis que bayé est parti loin loin à Canada, il envoie des lettres à m'ma et c'est mon frère qui lit.

Il est très sérieux, mon frère. Quand il lit les lettres de bayé, encore plus. Moi, ça me fait peur des fois. On sait jamais ce qui arrive quand on est loin de son village.

Ici c'est la belle vie, les petits font ce qu'ils veulent, les vieux sont assis. Ils parlent toute la journée. À part ma mère et les autres mères qui n'arrêtent jamais de travailler.

Ici, tout le monde est comme tout le monde, mais pas pareil pareil. Les Druzes connaissent mieux les Druzes et les chrétiens parlent plus avec les chrétiens. Chacun sait le nom de chaque verger, parce que chaque verger a un nom. Quand je me promène, je me glisse entre les talus, je saute, j'attrape un fruit qui me tente, personne dit : mange pas mon raisin, touche pas à mes figues. Les voisins du village d'en haut et même ceux d'en bas, des fois ils viennent dans notre verger. Quand les fruits sont gros et beaux, ils en mangent. Quand une femme est accroupie près de sa plaque de tôle et que je passe par là, j'ai juste à dire qu'Allah te donne la santé, ma tante… et c'est sûr que je vais me régaler d'un morceau de pain tout chaud ou d'une bonne galette si j'arrive au bon moment. Ma mère fait pareil avec les autres enfants. Si j'ai soif loin de chez nous, pas de problème, chaque maison a sa gargoulette proche de la porte. Je suis capable de boire sans toucher au goulot.

Loin loin à Canada, je sais pas si c'est pareil.

Ici, tout le monde est monté au moins une fois jusqu'au château du village et redescendu en chantant. Des hommes vont à trois villages plus loin pour acheter le manger pour l'année et reviennent le dos des ânes remplis. Les Druzes sont en bas de la vallée et nous les chrétiens en haut. Y a aucun danger ici, la preuve, m'ma me laisse tout faire toute seule et aller où je veux depuis que je suis capable de descendre les quatre marches qui mènent du côté de ma chèvre et si je tourne à main droite, encore un peu, j'arrive sur la place du village. Si je marche, y a la fontaine, avec toujours quelqu'un devant qui attend que sa cruche se remplit, et si je continue, c'est la maison de ma tante Fadwa qui est la tante de mon père.

Avec le visage foncé de mon frère et de ma mère, je commence à m'inquiéter. Bayé. Il est peut-être arrivé une mauvaise chose à bayé. Je veux parler à m'ma, elle me fait signe d'attendre. J'écoute. Mon frère lit… *notre vie ici est complètement… depuis le décès de ma bien-aimée sœur morte si jeune…* Je comprends pas la suite. Je pense que bayé parle de sa sœur qu'il aime beaucoup. Il est parti à Canada pour la voir parce qu'elle est très malade. Ça sonne comme les poèmes qu'on apprend à l'école. Notre maître nous a dit qu'il y a la langue de tous les jours et la langue arabe littéraire très belle et très difficile à apprendre et que ça peut prendre une vie. Moi, j'ai même pas fini ma première année.

Mon frère plie la lettre avec douceur. Il est doux, mon frère. Il la remet dans l'enveloppe et va la porter au salon dans le seul meuble de la maison avec un tiroir. Lui, il est le plus vieux, il peut entrer dans la pièce pour la visite rare. Les gens du village, eux, quand ils viennent prendre le café s'assoient dans l'entrée entre la cuisine et le salon. J'en profite pour demander à m'ma quand bayé va venir. Elle a dit ton père va revenir dans un bout de temps. J'ai pas trop confiance au bout de temps des grandes personnes. Ceux de ma mère pas plus que ceux de mon père.

Quand je pense à bayé, je m'ennuie trop de lui.

Je vois mon frère revenir avec les sourcils collés. Il s'assoit près de m'ma sur les petits tabourets. Depuis que ma mère a acheté des tabourets tressés, on se bat pour s'asseoir dessus. Je prends le couteau et le panier que j'étais venue chercher et je sors vite. Ma vie c'est dehors. J'aime pas rester en place. Je me dépêche avant que les filles cueillent tous les salsifis. M'ma a pas la tête à répondre quand je lui dis que je vais à la cueillette parce qu'en plus de la lettre, mes deux petits frères viennent de se réveiller.

Je traverse la place, après, je monte, monte, monte. Je suis partie pieds nus et m'ma a pas dit mets tes souliers. Même si elle me l'avait dit, je me serais arrangée pour marcher pieds nus. Quand on court le soulier peut s'accrocher n'importe où. M'arrêter, le remettre en place et repartir. Ouf. Trop long. Pieds nus, je cours vite, personne peut me rattraper.

Quand est-ce qu'il va revenir, bayé ? Il me mettait du savon sur mon nez, il m'appelait ma petite Chinoise aux beaux yeux bridés. J'ai grandi. Je ressemble plus à une Chinoise peut-être. Bayé me reconnaîtra plus. Faut pas que je pense à bayé, sinon je vais pleurer. Si je me mets à pleurer, ça va être long, je pourrai plus courir, et là, mes amies vont avoir le temps de ramasser tous les salsifis. Il restera juste les pissenlits, la chicorée. Mais moi, c'est les salsifis que j'aime comme bayé. Est-ce qu'il y a des salsifis à Canada ?

La photo

Depuis quatre jours, j'ai compté, m'ma a pas son visage. Elle sourit toujours d'habitude. Beau et lisse, son visage, là, un pli au milieu du front. Son visage est foncé foncé. Ma tante est descendue de Aïn-Aata pour l'aider. Je l'aime beaucoup la sœur de ma mère. Quand on va visiter Jiddé el Khouri, c'est elle qui s'occupe de nous parce qu'elle a pas d'enfants. Pour que m'ma se repose un peu, elle dit. Jiddé, il a une barbe blanche et une longue robe noire parce que c'est un prêtre. Il met la main sur notre tête quand on arrive. On embrasse sa main et on la met sur notre front. Il nous embrasse jamais. M'ma m'a dit qu'elle non plus quand elle était petite, il l'a embrassée juste une fois quand elle est tombée malade. Son regard sur moi me suffit, a dit ma mère, et sa bénédiction aussi. Je sais pas ce qu'elle voulait dire, mais j'ai senti que c'était important pour elle.

Ma mère et ma tante nous cousent des robes à ma sœur et à moi, des chemises à mes trois frères et même des pantalons aux deux plus jeunes. Je comprends pas. La Grande Fête est passée, pourquoi on a besoin de deux autres robes. À Pâques, ma sœur me donne sa robe et ma mère lui en fait une neuve. Bon. Ça me dérange pas. Moi ce que j'aime à Pâques, c'est la grande bataille des œufs, pas les robes. Mais là, j'aime pas ce que je vois depuis quelques jours. Pourquoi tout le monde est à l'envers et pressé. Même ma tante, elle est toujours gentille avec moi, là, elle me répond pas.

J'essaye du côté de mon grand frère. Lui aussi il a les sourcils collés. Je lui demande. J'insiste et j'insiste. Il me dit qu'il y a un photographe qui va venir pour prendre une photo de notre famille. Je ne sais pas ce que c'est un photographe. Il m'explique. Le seul portrait que j'ai vu c'est le portrait de mon grand-père qui est mort et que la photo est chez sa sœur, ma tante Fadwa. Je finis par comprendre. Mais quand je lui demande pourquoi, je vois à ses yeux, il dit pas la vérité. On a jamais eu de photo de toute notre vie, pourquoi on a besoin d'une photo maintenant, je dis à mon frère. Et là mon frère il a les larmes aux yeux. Il arrive plus à mentir.

— On est obligé de partir à Canada. On a besoin d'une photo pour le passeport.

— À Canada, c'est là qu'il est bayé, non ? Alors pourquoi tu pleures ?

— Tu es trop petite pour comprendre, il me dit en s'essuyant les yeux.

— Je suis pas trop petite, j'ai six ans. Je vais aller voir bayé ! Pleurer, jamais ! Je veux danser danser danser !

Mon frère regarde loin, il est triste. J'ai pensé : mon frère est en train de faire adieu à tout ce qu'il verra plus jamais. Bayé aussi il a fait ça. Peut-être que les vieux de mon village ont raison, ils disent toujours en soupirant :

Destin ô mon destin
Puisque tu sais déjà quand je pars
Dis-moi au moins si je reviens

Et ils soupirent à la fin en faisant des éééé et des eeehhh. Les vieux, soupirer, c'est ce qu'ils font le plus.

Sans que je sache pourquoi, mon frère se met à crier et à sauter sur place comme s'il avait vu le diable.

— Le photographe, le photographe, m'ma, le photographe arrive !

Ma mère et ma tante se mettent à nous habiller si vite, mes petits frères et moi, de peur que les loups nous mangent, on dirait. On cherche ma grande sœur. Tout le monde crie de partout. Ma sœur arrive. M'ma lui donne sa robe et elle s'habille elle-même. Ma tante peigne mes cheveux et noue un beau ruban blanc sur le haut de ma tête comme j'aime. Le photographe a eu le temps de monter du village des Druzes vers le haut. Notre maison est la plus éloignée de la route et la plus proche des vergers. Une chance. Quand le photographe arrive, tout le monde est beau, on dirait que c'est dimanche de Pâques. M'ma et mon grand frère ont encore le visage inquiet.

Le photographe accroche une couverture noire sur le mur de pierre, il fait asseoir ma mère sur une chaise au centre, les deux plus vieux de chaque côté d'elle, main sur son épaule, et les deux plus jeunes devant elle, leurs mains sur les genoux de ma mère, et moi, toute droite, entre les petits et les grands. Le photographe va se cacher la tête derrière un tissu, il nous crie de ne plus bouger, et paf, c'est fini.

Eh non, c'est pas fini. Ma mère et ma tante parlent au photographe à voix basse. Il fait oui de la tête et va placer mes trois frères et recommence la cachette et paf. Une photo avec les garçons.

Moi et ma sœur, on se prépare pour la photo.

Y a pas de photo avec les filles. Une photo pour les garçons et rien pour les filles. Ma sœur est pas contente. Moi ça me fait rien, j'ai juste hâte d'enlever ma robe et mes souliers et d'aller courir pieds nus. J'aimerais ça un petit paf juste pour ma sœur et pour moi. Ou bien dire pourquoi non. L'autre jour en revenant de l'école, j'ai entendu de mes oreilles une femme a dit les garçons, c'est mille fois mieux que les filles, si je pouvais échanger mes trois filles contre trois garçons, je serais la plus heureuse. Et l'autre a répondu : ô ma pauvre, ô ma pauvre, je sais pas ce que je ferais. Moi j'ai passé devant les deux sans donner le bonjour. Pas de *salam aaleikom*. Tant pis pour elles.

Le grand départ

— Nous serons obligés de prendre le bateau, a dit mon frère.

— Tu es sûr ? Un grand bateau comme celui de Sinbad le marin ?

— Encore plus grand, je pense. Mais nous, on ne sait pas comment notre histoire va finir…

— J'ai trop hâte d'aller en bateau, d'aller voir bayé, trop trop !

Mon frère, lui, a pas l'air heureux.

Le jour du départ arrive jamais.

Depuis que je sais que je vais voir bayé, on dirait que je m'ennuie encore plus de lui. Si au moins quelqu'un peut me dire dans combien de jours on part, dans combien de jours on arrive. Je sais compter. M'ma m'a dit bientôt on va voir ton père. C'est combien de jours bientôt ? Personne répond. On dirait que ma famille est devenue maboule depuis que c'est sûr que bayé reviendra plus et que c'est toute la famille qui doit partir à Canada. Moi aussi j'aimerais mieux que bayé revienne, je vais m'ennuyer beaucoup de mes amis, de mon village aussi parce qu'ici je cours je vais je viens je marche pieds nus, je connais tout le monde.

Je suis comme un oiseau que personne attache. Mon grand frère dit que tout est différent là-bas à Canada, qu'il y a rien comme ici, qu'il fait froid, que personne nous connaît et que pas question de marcher pieds nus. Mais qu'est-ce que je peux faire ? Je vais pas pleurer. Pleurer et avoir hâte ça va pas ensemble. Et moi j'ai trop hâte de voir bayé pour pleurer.

La place du village est pleine de monde.

Ceux qui voulaient envoyer des lettres et des colis à leurs parents à Canada sont venus les porter chez nous. À la fin, m'ma a dit : la malle est pleine. La voisine s'est fâchée. M'ma est fatiguée. Le frère de ma mère est descendu de Aïn-Aata pour nous aider. Mon oncle, il a loué des ânes parce que m'ma a trop de choses à faire et que mon frère est trop jeune pour louer des ânes et que Rachaya est trop loin pour y aller à pied surtout mes deux petits frères et la malle. Mon frère m'a dit que à Rachaya on pourra trouver une automobile ou un autocar pour arriver à Beyrouth. Merci Dieu que j'ai un grand frère qui sait beaucoup de choses, sinon moi je sais rien. Automobile autocar Rachaya Beyrouth bateau Canada. Rien.

Tout le monde pleure, notre maison est vide, la place du village grouille de vieux, de jeunes, d'habitude y a personne à midi, je cours tant que je veux. Quand ma mère m'oblige, je remplis une cruche d'eau à la fontaine juste là. Aujourd'hui m'ma a pas demandé d'aller chercher de l'eau. M'ma a les yeux rouges. Je pense qu'elle a pas hâte d'aller à Canada. Les vieilles me serrent dans leurs bras m'étouffent mouillent mes joues. Non je vais pas t'oublier ma tante. Tout Aïn-Hirshy c'est mon oncle ma tante. Je vais revenir, promis, avec mon père et toute la famille. Mes amies me donnent des cadeaux : un caillou tout lisse, un mouchoir brodé, un bouton habillé en poupée. Je mets tout ça dans les poches de ma robe neuve. Merci Dieu que ma tante a pensé à coudre deux poches.

C'est mon tour. Je monte à l'arbre pour voir tout le monde. Pour l'adieu à mes amies et à mon village, je récite un beau poème que j'ai appris à l'école.

Ô ma lune si haute, brillante comme l'étoile
La séparation durera quelques jours, pensait-on
Pourtant que de mois et de nuits innombrables

Ânes, autocar, bateau

Avec mon petit frère, on rit sur le dos de l'âne. Il me chatouille. C'est la première fois qu'on nous met ensemble sur le même âne parce que c'est la première fois qu'on va à Canada toute la famille ensemble. Le plus loin, c'est à Aïn-Aata. On montait à pied avec m'ma qui prenait mon petit frère sur ses épaules et l'autre dans ses bras. Elle est très forte ma mère. Là on est tassés avec des valises et des paniers pleins de choses à manger. Ça sent bon. Ça me donne faim. J'ai dit à mon petit frère si t'arrêtes pas de me chatouiller, pas d'autocar pour toi jusqu'à Beyrouth. Il m'a demandé c'est quoi un autocar? J'ai fait semblant, j'ai dit que c'est gros comme cinq ânes un derrière l'autre et que ça va vite vite avec deux gros yeux qui donnent de la lumière la nuit comme la lune. Moi j'écoute ce que dit mon grand frère et après j'arrange le reste comme je veux. Mon petit frère a arrêté de me chatouiller parce qu'il a jamais vu des ânes avec des yeux grands comme la lune et il veut voir. Quand l'autocar a commencé à bouger, j'ai trouvé que ça va plus vite que tout. Je peux pas imaginer. Plus vite qu'un cheval, y en a seulement deux dans mon village, ils traversent la place plus vite que les éclairs. Des ânes, oui, presque chaque maison en a un. Mon oncle a emprunté quatre ânes, personne voulait de l'argent, plus notre âne, ça fait cinq, mon oncle se cassait la tête pour comment il va faire pour les retourner à Aïn-Hirshy, les ânes, parce qu'il vient jusqu'au bateau avec nous. Jamais su comment il a fait parce que moi et ma famille on était déjà dans le bateau quand mon oncle a dit adieu à sa sœur en pleurant. Il nous a embrassés avec les yeux mouillés et rouges comme m'ma.

Le bateau c'est le plus beau de toute ma vie. Jamais vu quelque chose qui ressemble à un bateau. Grand comme la montage en face de Weid el Mtéllé, notre verger. Ici il y a des lits. Même dans les contes j'ai jamais entendu que quelqu'un dort dans un lit. C'est la première fois que je dors dans un lit. Il y a aussi des toilettes et des lavabos. C'est de la magie. Plus que dans toutes les histoires que j'ai entendues. Ma tante Fadwa me racontait des histoires si belles, jamais de bol tout blanc avec de l'eau qui coule. De l'eau tant qu'on veut, pas besoin d'aller la chercher à la fontaine. Une salle pour manger grande comme la place du village, avec des tables et des nappes blanches. Blanches blanches avec pas de taches. M'ma aime ça quand c'est blanc. C'est beau. Des lumières partout et un monsieur très gentil qui m'apprend à manger avec un couteau et une fourchette, pas en faisant des *balkoums* avec le pain comme au village. Il parle une langue que je comprends pas, mais ses gestes et ses sourires, oui je comprends. Une chance que le monsieur gentil nous a montré où aller pour voir des belles images qui bougent. Ça s'appelle cinéma a dit mon frère. Il sait tout celui-là. Il dit qu'à Canada il y a cinéma partout. J'ai hâte de voir cinéma et bayé aussi. Pour arriver dans la salle pour manger, il faut monter des escaliers et marcher et encore d'autres escaliers et marcher encore. Mon petit frère s'est perdu. M'ma nous a dit de rester là sans bouger et de l'attendre et elle est partie aussi vite qu'une gazelle avec mon grand frère pour chercher, pas le petit, c'est ma grande sœur qui l'avait dans les bras, l'autre un peu plus grand qui m'a chatouillée.

Sur le bateau, je suis obligée de porter mes souliers neufs et ma robe rose ou bien ma robe avec des fleurs bleues. J'ôte mes souliers pendant que j'attends m'ma. Que mes pieds respirent un peu. Le plancher à côté de nos lits est rouge. Jusqu'au premier escalier, c'est rouge aussi. Nos chaussettes blanches sont toujours rouges et aussi nos vêtements si on a le malheur de s'asseoir ou de tomber par terre quand on joue. M'ma veut pas qu'on marche pieds nus et encore moins en chaussettes. Elle ne finit jamais de laver, elle a dit. Y a pas de place pour laver sur le bateau. Je l'ai vue. Elle a parlé avec un homme qui travaille. Elle fait des gestes et des gestes et il a fini par aller lui chercher une cuve et du savon et ma mère est contente. Elle a dit *choukran*. Le monsieur a compris à cause du sourire de m'ma trop contente d'être capable de laver nos vêtements.

On attend. Moi ma sœur et le petit. On attend. Moi je chante. Ma sœur me dit d'arrêter. Moi non. Si j'arrête je vais pleurer parce que j'ai peur.

Si mon frère tombe dans la mer…

Si on arrive jamais à Canada…

Si bayé est pas là à la fin du voyage…

Si bayé m'aime plus comme avant…

J'avais quatre ans quand j'ai vu bayé pour la dernière fois. Je chante.

Ô ma lune si haute, brillante comme l'étoile
La séparation durera quelques jours, pensait-on
Pourtant que de mois et de nuits innombrables

Mon grand frère a dit : il faut compter vingt jours pour arriver à Canada, deux fois tes dix doigts. Il pense que je sais pas compter jusqu'à vingt. Je sais et plus plus. À la fin de l'année mon maître a dit le nom des trois meilleurs devant toute la classe. Moi et deux garçons. Pour dire la poésie à haute voix, c'est moi la meilleure. Compter jusqu'à vingt, c'est facile. Moi j'aime mieux les poèmes.

M'ma revient avec mon petit frère pas tombé à la mer. Merci Dieu. À Canada je sens ça va être une belle vie comme à Aïn-Hirshy. Encore mieux parce que bayé sera là.

Le temps arrêté

Chaque fois que je reviens dans mon village natal, je suis abasourdie de voir que les années d'absence n'ont pas compté. Les villageois savent qui je suis, se racontent des histoires me concernant, connaissent mes ancêtres, les membres de ma famille, et les histoires de chacun, même ceux qui sont nés loin, à l'étranger, là où toute notre famille a immigré. Ils sont fâchés parce que j'ai oublié leurs noms et les liens de parenté avec chacun d'eux. Ils disent : « *Wallaw* ! tu m'as oublié ! Tu as oublié ceux qui t'ont vue naître, ceux chez qui tu as mangé et bu, ceux qui ont mangé et bu chez tes parents ? Tu es devenue américaine ou quoi ? Tu te fous de nous ? »

Je ne connais pas assez bien l'arabe pour leur dire qu'un enfant qui part loin oublie, il oublie, forcément, c'est une question de survie, que son cerveau a tant de nouvelles choses à apprendre, que le passé, il le repousse malgré soi, n'empêche qu'il nous grignote de l'intérieur, ce passé, jusqu'au moment où on en rapatrie tous les morceaux...

Je bredouillais quelques mots dans un arabe approximatif qui faisait rire les villageois.

Mais non, voyons, comment aurais-je pu oublier?!

Que cela fasse quatorze ans, mon premier retour, ou quarante et un ans, le deuxième, peu importe, la mémoire phénoménale des villageois et leur manière de plaisanter ne changent pas, ni leur façon de me montrer que je suis une des leurs, mais pas tout à fait.

Et chaque fois, le sentiment que le temps s'est arrêté. Pour eux aussi, il me semble.

Nous étions réunis chez une lointaine cousine, dans une petite cour en terre tapée depuis mille ans, tous assis sur des tabourets tressés bas et confortables en train de manger boire fumer, quand une femme de mon âge me dit:

— Est-ce que tu te souviens du jour de ton départ avec ta famille?

— Bien sûr. Comment je pourrais oublier?!

— Est-ce que tu te rappelles que juste avant de partir, tu es montée à cet arbre, là, tu le vois, il a un peu grandi, mais c'est le même. Tu te rappelles? Tu as grimpé dans cet arbre et tu as récité ton poème d'adieu.

Elle a pointé l'arbre et attendu ma réponse.

J'écarquillais les yeux, hébétée, comme si on m'avait frappée sur la tête. J'essayais de marmonner quelque chose.

— Je… suis… montée à cet arbre et j'ai dit un poème…

J'avais tout oublié.

Et pourtant, au moment où cette femme récitait le poème que j'avais récité quarante et un ans auparavant, je revivais peu à peu l'émotion de la petite fille en haut de son arbre en même temps que je revivais toute ma vie.

Les derniers mots du poème ont résonné dans la presque obscurité du village.

Il y eut un long moment de silence.

Les grandes émotions, les rares, celles qu'on n'éprouve pas souvent, mais qu'on n'oublie jamais, celles qui nous font saisir l'invisible et le chemin parcouru et celui à venir, ces émotions-là, on a tant de mal à les décrire qu'on risque de ne jamais les partager avec personne si on ne fait pas un effort monstrueux pour trouver les mots.

En un instant, toute ma vie.

II

Saint-Vincent-de-Paul, province de Québec : finie l'enfance pieds nus

Le jour où j'ai appris
l'adverbe interrogatif « où »

Quand sœur Marguerite m'a regardée en me demandant : « Où l'as-tu trouvée, l'image ? » Je n'ai rien compris. Pas un traître mot. Elle me montrait l'image de la vierge Marie que je venais de lui remettre et elle répétait : « Où l'as-tu trouvée ? », avec un sourire aimable.

Des lèvres articulent en gros plan : « où où où », et moi, je n'entends pas.

La sœur me parle et je ne comprends rien.

Je suis tellement humiliée, désemparée et malheureuse que je prends la fuite.

Pour ne pas mourir sur place.

Avec l'intention ferme de ne plus jamais revenir, je plante là sœur Marguerite et toute la classe, je laisse à qui les veut mon superbe sac d'école en cuir brun sans aucune égratignure, le plus beau que j'aie jamais vu de ma vie, et mes cahiers, livres et crayons tout neufs. On est début septembre, il ne fait pas encore froid. Même si ç'avait été l'hiver, je serais partie sans manteau et sans bottes tant ma peine et ma honte sont immenses. Je ne peux ni ne veux rester une minute de plus dans ce monde que je ne comprends pas.

Sœur Marguerite essaie de me retenir, mais il faudrait qu'elle laisse ses élèves et coure après moi. Ma grande sœur, qui est dans la même classe que moi, réussit à m'attraper, mais je m'arrache de ses bras avec une telle force qu'elle n'insiste pas. Dans l'état dans lequel je suis, personne ne peut me retenir.

J'ai couru. Couru.

Si j'avais été orpheline et eu nulle part où me réfugier, je serais morte, je crois, mais je savais que je n'étais pas seule : mon père saurait comprendre l'horreur que je vivais.

Le couvent des Sœurs de Sainte-Croix était à cinq minutes de chez nous. Nous venions d'arriver du Liban et nous habitions chez ma grand-mère paternelle, en haut de son magasin : le Saint-Vincent 5-10-15 ¢.

J'ai couru de toutes mes forces jusqu'à ce que je voie enfin mon père et je lui ai dit que l'école, pour moi, c'est fini, que j'aime mieux mourir que de ne rien comprendre. Vu l'état dans lequel je me trouvais, pleurant encore de peine et de rage, mon père a tout de suite pensé que quelqu'un m'avait frappée, insultée ou ri de moi.

Je lui dis que c'est encore pire.

Je lui raconte que j'ai trouvé une image dans l'allée juste à côté de mon pupitre et que je l'ai portée à la religieuse et que je n'ai rien compris à ce qu'elle m'a dit. Père m'essuie le visage avec son mouchoir et me dit : « Ferme les yeux et essaie de te souvenir. » Je répète les deux mots que j'ai retenus. « Où, dit mon père, c'est *wayn*, et image, c'est *soura*.» Bayé s'accroupit, me prend par les épaules et me regarde dans les yeux. Il me promet qu'avant la fin de l'année, je serai la meilleure de ma classe. Que si je reste à la maison, je n'apprendrais jamais rien, que pour être la meilleure, il faut retourner à l'école, ouvrir grand mes yeux et mes oreilles, et apprendre.

Comme je voulais tout apprendre, et le plus vite possible, je suis retournée à l'école. Pas le jour même. Bayé voulait que je reste avec lui au magasin et que je rentre en classe la tête haute, mais seulement le lendemain matin. J'ai demandé à mon père si je devais m'excuser auprès de la sœur.

— Qu'est-ce que tu en penses, toi ?

— Moi, je pense non. Quand je comprends pas un mot, la prochaine fois, je me tiens fort fort par les bras, et je reste à l'école.

Mon père m'a souri en signe d'assentiment et m'a frotté le bout du nez comme il le fait toujours pour m'agacer et pour rire.

Les caoutchoucs

La faculté de s'adapter au changement est un signe d'intelligence, paraît-il, et porter des chaussures pour aller à l'école, et des caoutchoucs par-dessus les chaussures quand l'hiver vient est une adaptation nécessaire pour survivre dans les pays froids.

Nous avons débarqué en juillet à Halifax et pris le train avec mon père qui était venu nous chercher.

C'est la nuit. Nous partageons une couchette, mon petit frère et moi. Chaque fois que nous appuyons sur un bouton placé à la tête du lit, ça devient rouge, et un homme apparaît. D'abord gentil et souriant, il nous demande ce que nous voulons et comme nous ne comprenons pas, nous nous mettons à rire, et recommençons à sonner aussitôt qu'il a le dos tourné. L'homme finit par se fâcher et, avec une grosse voix et des yeux mauvais, il nous montre ce qu'il ne faut plus toucher.

Qu'un humain se matérialise devant nous comme dans les contes, nous trouvions cela hilarant. Nous n'avions pas fait le lien entre la lumière et son arrivée, et chaque fois, nous étions étonnés et ravis de voir jaillir cet homme à la peau noire comme celle des esclaves dans *Les mille et une nuits*.

À Montréal, nous avons passé un jour ou deux chez des parents émigrés depuis des lustres, qui avaient une maison si longue qu'on s'y perdait, puis nous avons abouti à Saint-Vincent-de-Paul chez ma grand-mère.

Le bateau nous avait fait passer d'Orient en Occident, et moi, de pieds libres à pieds engoncés dans des souliers.

Un enfant s'adapte à l'asphalte, à la langue, aux nouveaux visages, au soleil qui n'est pas là, aux parents qui ont soudainement perdu leur bonne humeur, et même aux chaussures obligatoires. Finies les promenades pieds nus à travers le village, Saint-Vincent-de-Paul est une ville avec un boulevard appelé Lévesque et beaucoup de rues avec chacune un nom comme les vergers au village. Ici, les maisons ne poussent pas n'importe où, elles ne sont pas éparpillées autour de la place du village comme à Aïn-Hirshy, elles sont alignées de chaque côté de la rue, avec des numéros sur les portes. Nous c'est 5323.

Ici, les automobiles sont dangereuses et roulent vite, si tu traverses sans regarder à gauche puis à droite et encore à gauche, tu risques gros, et si tu ne portes pas de chaussures, encore plus. Ici, ça ne se fait pas de se promener pieds nus. Même les pauvres sont chaussés. Là-bas, loin, on te laissait faire. Tu égarais tes souliers, pas grave, tu les oubliais quelque part dans une des nombreuses maisons que tu visitais dans une journée, aucune importance, tout le village t'appartenait et tu le parcourais en courant en dansant en jouant.

Au village, je n'avais besoin de personne pour être heureuse. J'étais indépendante, insouciante et libre, et j'allais à l'aventure. Ma mère disait de moi en riant: «Cette fille-là, je ne peux pas l'élever, elle n'est jamais là!»

Pendant les premières années, quand arrivait le temps de porter les caoutchoucs, je m'ennuyais de là-bas. Mais aussitôt que je me mettais à jouer dans la neige, la nostalgie prenait le bord et c'était la joie! Très vite, j'ai appris tout ce qu'on pouvait faire avec cette merveille. En plus de la regarder tomber, je pouvais en manger, me rouler dedans, glisser assise ou couchée sur des cartons, construire un château, des bonshommes, et préparer quantité de balles de neige pour de gigantesques batailles entre frères, sœurs et voisins. Patiner aussi, bien sûr que j'apprendrai à patiner, un peu plus tard, quand nous vivrons à Sainte-Rose. Parce que savoir patiner fait partie de l'intégration. Si l'immigrant arrivait trop vieux, il était fichu!

À bien y penser, mon pays, c'est mon village; mon «pays perdu», ça n'a jamais été rien d'autre que mon enfance libre, pieds nus.

Le compliment de la sœur supérieure

C'est la fin de ma première année et la première fois que je monte sur scène.

L'estrade de la grande salle du couvent est pleine de filles. Les grandes, dans leur costume noir des fêtes, et nous, les petites, dans notre robe à collet blanc empesé de tous les jours, mais propre et repassée. Nous chantons pour la venue de la Supérieure des Sœurs de Sainte-Croix. Moi je ne sais pas qui c'est, mais je sens qu'elle est importante à cause de la décoration, de l'odeur du vernis et de l'excitation générale. C'est de la grande visite, c'est sûr.

On a répété plusieurs fois. J'aime beaucoup chanter avec les autres. Puis comme sœur Marguerite me l'a appris, je fais trois pas vers l'avant, je regarde à droite et à gauche pour voir les deux autres filles qui viennent se placer à côté de moi. Puis je regarde droit devant moi celle que je n'ai jamais vue avant aujourd'hui qui s'appelle Sœur Supérieure. La grande de septième commence le compliment, celle de quatrième suit, et puis c'est moi. Chacune parle fort et bien. Chacune a répété seule avec son enseignante et, après, les trois ensemble.

J'ai aimé ça beaucoup. Sœur Marguerite est contente de moi. Elle a encore un plus beau sourire que d'habitude. Sœur Marguerite, c'est la plus souriante personne que j'aie jamais vue. C'est elle qui nous a fait répéter les trois ensemble. Elle nous a appris comment se détacher du groupe, comment marcher jusqu'en avant, où se placer, comment bouger nos mains, quels gestes faire en disant quel mot, comment dire les mots pour qu'ils soient les plus beaux du monde. Tout.

Et j'ai aimé ça, beaucoup beaucoup.

C'est la première fois que je parle devant des rangées de personnes qui écoutent.

Et depuis ce moment-là, à la fin de ma première année, j'ai éprouvé un grand bonheur de chanter avec les autres et de parler à haute voix en voyant le petit sourire des sœurs et le sourire extraordinaire de Sœur Marguerite :

— On dirait que tu as fait ça toute ta vie. Tu n'as pas eu peur ?

— Oh non, ma sœur, j'ai pas peur du tout. Juste un peu avant, mon cœur a fait toc toc. C'est tout. Moi j'aime ça beaucoup. Quand j'étais petite, dans mon village, loin loin, je disais beaucoup de poèmes. Dans ma langue, par exemple. En français, c'est la première fois.

— C'est où, ça, loin loin ? Tu ne me l'as jamais dit.

— Mon père, il dit que c'est Loubnann, notre pays, mais moi, ma sœur, je sais pas comment on dit ça en français.

Sœur Marguerite m'a flatté les cheveux, son sourire soudain m'a fait penser à ma mère quand elle est triste.

— C'est très bien, belle enfant, continue, que Dieu te protège.

Puis son sourire est redevenu le sien, et même qu'elle riait.

— Dire qu'il y a à peine neuf mois, tu ne savais pas dire trois mots en français, c'est incroyable.

— J'en savais un de plus, ma sœur : oui non bonjour merci, ça fait quatre !

J'avais dit ça pour la faire rire et elle a ri.

Je n'ai plus jamais revu sœur Marguerite car nous avons déménagé quelques jours après. Comme elle me l'avait souhaité, j'ai continué à monter sur scène. Prononcer bien et articuler juste ce qu'il faut, parler pour la dernière rangée, comme elle disait, cela m'est resté, et son sourire aussi — que j'ai toujours considéré comme le premier et le plus beau bienvenue en ce pays.

Petites scènes de la vie quotidienne :
les yeux noirs...

Saint-Vincent-de-Paul, juillet 1951
— D'où tu viens, toi, la petite ?
— …
— T'as ben de beaux yeux.
— …
— Sont tellement noirs, tes yeux !
— …
— Comment tu t'appelles ?
— …

Sainte-Rose, novembre 1952
— T'as ben des beaux yeux, ma petite !
— (sourire timide) Merci, madame.
— Sont tellement noirs, puis tes cheveux aussi sont noirs noirs, j'en reviens pas !
— …
— D'où tu viens, toi, ma belle ?
— Je viens du Liban.
— C'est où ça, le Liban ?
— Je sais pas, madame.

Sainte-Rose, 1955

— T'as ben des beaux yeux noirs !

— (sourire timide) Merci.

— D'où est-ce que tu viens, t'es pas d'ici ?

— Je suis née au Liban.

— Où c'est que c'est ça ?

— Dans mon cours de géographie, j'ai appris que c'était en Asie.

— Me semblait qu'y avait juste des Chinois en Asie. Quand on regarde comme faut, on voit que tes yeux sont étirés un peu. Le Liban, c'est peut-être une province de Chine, comme le Québec c'est une province du Canada.

— … J'sais pas… J'vais demander à la maîtresse.

Trente ans et cinq enfants

Ce n'était pas pour préparer notre arrivée que notre père nous avait précédés, il était venu au chevet de sa sœur ; elle était morte et lui était resté.

Je n'ai jamais eu l'impression que bayé avait vraiment fait le choix de rester. Une partie de son cœur était encore là-bas, sinon tout son cœur. Même petite, je le sentais.

Je ne saurai jamais exactement pourquoi il n'est pas retourné au Liban après la mort de sa sœur ni pourquoi il nous a fait venir. Mais que le mal du pays le frappe tôt ou tard, c'était inscrit dans chacun de ses mots et gestes, du poème qu'il nous déclamait à la petite histoire de chasse avec ses amis qu'il nous racontait, des épopées arabes qu'il narrait avec enthousiasme et bonheur à ses propres aventures où la bravoure et la parole donnée étaient au premier plan.

Ma mère, elle, s'est acclimatée beaucoup mieux. Mon père rêvait de ce qui n'était pas là tandis que ma mère réfléchissait à ce qui était là en essayant de l'améliorer si elle pouvait. Elle vivait le présent ; il magnifiait le passé.

Quand m'ma est arrivée avec ses cinq enfants de trois à onze ans, père et mère avaient à peine trente ans. Mes parents, à eux deux, n'avaient même pas l'âge que j'ai aujourd'hui.

Des enfants élevant des enfants…

Il m'est impossible de ne pas avoir une tendresse infinie pour eux, que je croyais forts et omniscients, alors qu'ils étaient dépassés par les événements et malheureux, du moins dans les premières années. Leur jeunesse m'émeut et leur peu d'expérience aussi. Ils ont façonné nos vies avant même que la leur le soit. Immigrer avec une famille est une expérience « extrême », comme on le dit de certains sports. Et ce sport extrême, mes parents si jeunes encore le pratiquaient en même temps que nous, ne sachant pas plus que nous ce qu'il convient de faire ou de ne pas faire pour ne pas se briser le cou.

Aucun de nous ne s'est brisé complètement. Mais à quel prix ! Notre famille a survécu, comme tant de familles nombreuses de cette époque, migrantes ou pas. Dans ce sens, immigrer ou vivre, c'est du pareil au même : jamais personne n'en sort indemne.

L'année qui a suivi notre arrivée, nous étions déjà six enfants. Rien d'exceptionnel. Les Canadiens français avaient de meilleurs scores. Complétée plus tard à sept, ma famille, avec qui j'ai traversé mon enfance, mon adolescence et ma première jeunesse, ma famille que j'ai aimée à la vie à la mort et parfois détestée, que j'ai délaissée et parfois oubliée, père, mère, frères, sœurs m'ont donné le meilleur d'eux-mêmes, et je crois avoir fait de même.

Nos premières années migrantes ont fait de nous – mes frères, mes sœurs et moi – des compagnons d'armes, car personne n'est plus proche de soi que celui qui a vécu dans le même pétrin, qui a passé à travers les bombes en même temps, qui est resté debout malgré tout. Chacun devient la mémoire vivante des autres.

Si certains sont plus gravement atteints ou plus amochés, la fratrie les soutient et se dit : ç'aurait pu être moi… l'obus aurait pu tomber sur moi…

Quand tu seras grande

Pour la petite fille que j'étais, mon père – que j'appelle toujours *bayé* dans ma tête – était le plus beau et le plus gentil de tous les hommes de la terre. Je ne sais pas si mes frères et sœurs avaient le même sentiment envers cet homme aux mille visages. Devenue vieille, il m'est difficile de compter le nombre de pères que j'ai eu en un seul. C'est certain que lui aussi, au fil du temps, a vu passer toutes celles que j'étais.

— Qu'est-ce que tu veux faire quand tu seras grande ?

Pourquoi est-ce que mon père me pose cette question ? J'ai juste sept ans ! Nous habitons encore chez ma grand-mère, je n'ai pas terminé ma première année. Seule au salon, je suis en train de danser. Est-ce que nous avions un appareil pour écouter de la musique, une radio, un tourne-disque ? On était en 1952, le *tape recorder* que mon père a acheté aux États-Unis, et qui nous a donné des heures de plaisir, n'est arrivé que des années plus tard, je dansais donc sans musique, en chantant en arabe. Peut-être en français, je le parlais maintenant couramment.

— Je veux être danseuse ou sœur.

J'ai donné ma réponse sans hésitation.

— Sœur, je comprends, tu es avec des sœurs depuis un an, et tu aimes beaucoup la religieuse qui t'enseigne, mais danseuse ! Pourquoi, danseuse ?

— Parce que danser, c'est comme prier.

Mon père a eu un visage interrogateur. Et ce qu'il m'a dit alors, je ne l'oublierai jamais :

— *Wallah !* prier c'est comme danser… Bon, mais pour danser, il faut montrer ses jambes et ses cuisses nues. Ça ne te dérange pas ?

Avec ce sous-entendu que j'ai saisi même à cette époque : « Est-ce que tu n'auras pas honte que les gens te regardent et pensent que tu es une fille de rien, une mauvaise fille… »

Est-ce qu'il a dit *charmouta*… putain ? Je ne pense pas. Ce mot-là, je ne l'ai compris que plus tard. Pour l'instant, « mauvaise fille » suffisait, et surtout *aayb*… La « honte », mot pesant, chargé de mille sens, qu'on apprend presque à la naissance quand on est une fille, et beaucoup plus tard quand on est un garçon. Même bébé, on ne montre pas le sexe de la fille… *Aayb*. Bien avant de savoir parler, la petite fille sait tirer sur sa robe pour cacher ses fesses mais surtout son sexe, pendant que son frère se pavane tout nu sous l'œil attendri de ses parents, si fiers de leur progéniture.

— C'est pas pour montrer mes cuisses, c'est pour danser ! C'est pas pareil. Et la musique, c'est ce qu'il y a de plus beau au monde, c'est toi qui l'as dit hier, t'as oublié ?

Mon père ne répond pas, il se met à crier pour que mes frères arrêtent de se battre et s'en va vers eux. Ma grand-mère se plaint que le bruit est insupportable, elle ne peut pas vivre une journée de plus avec nous, elle dit ça tout le temps.

— Trouve une maison au plus vite, je suis à bout, tu as étiré ma patience jusqu'à sa limite, si tu ne fiches pas le camp avec les tiens, je ne réponds plus de moi, qu'Allah nous évite l'irréparable.

Mon père continue à hurler, je ne sais plus si c'est après mes frères ou pour répondre à ma grand-mère. C'est comme ça, toujours, moi, je ne m'en fais pas, bayé ne crie jamais sur moi, j'ai une nouvelle chanson en tête, je bouge avec, les yeux tournés vers la fenêtre du salon. Y a un soleil dehors. Mon père a dit de gros mots à grand-mère et elle a répondu :

— Dieu te punira.

La troisième

Le jour où je suis née, ma mère a été distraite. Elle était étendue sur la natte, la sage-femme auprès d'elle, et en plein travail pour accoucher de moi quand elle a entendu une voix de l'extérieur qui criait le danger à pleins poumons : « Le bouc va encorner Souham ! Le bouc va encorner Souham ! »

Souham, c'est ma grande sœur, celle qui m'a précédée, elle-même précédée par notre frère. Elle s'appelle maintenant Siham. Changement de pays veut parfois dire changement de prénom et même de nom. Le prénom de mon grand-père Farhoud, né aux USA, est devenu notre nom de famille, avec changement de graphie à chaque branche de notre arbre généalogique. Tous mes frères et sœurs ont eu des modifications à leur prénom. De la légère altération des sonorités pour les nouvelles oreilles à la traduction du prénom en français, ou à l'adoption d'un nouveau prénom, qui n'a rien à voir avec l'original. Le mien a perdu le son guttural de l'initiale et n'a gardé que la voyelle *a*.

Ma mère, donc, en pleines contractions, entend le danger qui pourrait tuer Siham, ma sœur, et sursaute. Voyant que la sage-femme est en train de faire le tour de la maison pour descendre par l'escalier, et pensant qu'il sera trop tard pour sauver la vie de sa fille, maman saute tout simplement par la fenêtre pour arriver plus vite. Heureusement, il y a seulement un étage, mais quand même, j'aurais pu perdre ma mère et ma sœur le même jour.

Et ne pas naître.

J'ai dû attendre pour venir au monde. Est-ce que cela a aiguisé ma patience ? Non. Ma persévérance ? Oui.

Je suis la troisième de ma famille. J'adore ce rang. C'est vrai qu'il fallait savoir un peu se batailler pour prendre sa place, mais cela me convenait parfaitement. Je le faisais seulement quand j'en avais besoin. Le reste du temps, j'étais libre de faire ce que je voulais. Je me faisais oublier.

Je ne me souviens pas de m'être jamais fait gronder pour avoir fait quelque chose de répréhensible. J'avais sans doute l'esprit de discernement ou l'oubli facile. Ou peut-être que je savais éviter les disputes, disparaître quand ça bardait, et réapparaître au bon moment.

La troisième de la famille, c'est génial.

Je n'avais pas la responsabilité émotive et sociale incombant au premier fils, qui représente la famille, ni les charges domestiques de la première fille, qui en a plein le dos et les bras du travail qu'elle a à faire, qui doit presque se sauver pour aller jouer, contrairement à la troisième qu'on laisse tranquille…

Je n'ai été ni voulue ni désirée, mais aimée. De cela, je suis certaine.

— Dans ce temps-là, m'a dit un jour ma mère, les enfants arrivaient, on les acceptait et on les aimait. Elle a réfléchi quelques secondes, puis : C'est sûr que si je n'avais eu que des filles, il aurait fallu un fils, au moins un fils…

Dès que je suis née, on m'a aimée. Si ceux qui m'avaient précédée et suivie n'avaient été que des filles, j'aurais eu la vie moins belle.

Peut-être que ce que je dis est injuste : mon père et ma mère aimaient les filles. C'est leur société qui ne les aimait pas.

« Déménager ou rester là »

Si l'oiseau migrateur change de région avec les saisons, les immigrants que nous étions changeaient de maison sans raison. On ne demande pas à un enfant son avis, on ne lui donne même pas d'explications. Un enfant suit. Ça lui fera des souvenirs pour plus tard.

1. Saint-Vincent-de-Paul chez ma grand-mère.
2. Rue Dufferin à Sainte-Rose pour quelques mois.
3. 187, boulevard Sainte-Rose, derrière notre magasin.
4. Rue du Plateau-Ouimet dans une petite maison unifamiliale avec sous-sol pas fini, qui ne le sera jamais.
5. À nouveau au 187, boulevard Sainte-Rose, mais cette fois en haut et non à l'arrière du magasin.
6. Retour à Saint-Vincent-de-Paul, en haut du magasin, maison agrandie et sans grand-mère.
7. Une jolie maison neuve à Montréal dans le quartier Ahuntsic.
8. La moitié de la famille vit dans un appartement au coin Villeray-Papineau à Montréal, pendant que l'autre moitié vit à Beyrouth.

Nous n'avons déménagé que huit fois quand je pensais vingt, et même plus. Les psychologues disent que ce n'est pas la réalité, mais la perception de celle-ci qui donne souvent du fil à retordre et des séances à n'en plus finir.

Il y a en effet deux sortes de migrants qui ont tout autant besoin d'aide : l'éternel nomade qui bouge parce qu'il ne peut s'en empêcher, comme s'il se disait : « Partir un jour, c'est partir toujours », et l'autre qui a un besoin immense de s'ancrer quelque part. Ô malheur, ces deux catégories se retrouvent souvent dans une seule et même famille.

Durant les huit couplets de *Déménager ou rester là*[1], même si « Le stéréo d'la gang d'en haut / est toujours ouvert au coton », et même si « Le plafond tombe en mille miettes / sur les épaules et sur la tête », Pauline Julien hésite à déménager. Et je la comprends !

Cette vilaine sensation d'être déplacée ou en déplacement, je l'oubliais seulement quand j'étais sur scène ou en train de répéter.

Je me demande, ce sentiment d'attachement à un lieu, une maison, une école, un quartier, une communauté, un pays, quand advient-il ?

Je me demande, appartenir à la chose ou bien que la chose nous appartienne ?

---

1. Chanson écrite par Réjean Ducharme, musique de Robert Charlebois.

III

J'ai pas choisi mais j'ai pris
la plus belle : Sainte-Rose

Madame Chaussé

Lorsqu'on tourne son regard vers le passé, certaines images reviennent, toujours identiques, année après année. Madame Chaussé, par exemple, je la revois derrière le premier comptoir à droite de la porte d'entrée de notre magasin, le Sainte-Rose 5-10-15 ¢ to 1 $ store. Une grosse caisse enregistreuse la cache presque entièrement, on voit à peine ses cheveux gris et frisés. Moi je me place de côté pour mieux la voir. Elle est assise sur son tabouret, je suis debout dans l'espace vide entre le comptoir du *cash* – c'est ce qu'on disait – et le suivant. Je peux rentrer ou sortir facilement. J'ai toujours aimé avoir la possibilité de bouger.

Madame Chaussé est menue, à peine plus grande que moi à l'âge de neuf ans. Je la dépasse d'une tête à treize ans, l'année de notre départ de Sainte-Rose. J'allais dire de notre arrachement à Sainte-Rose, et ce serait le mot juste, car les plus belles années de mon enfance en dehors de mon village natal, c'est à Sainte-Rose que je les ai vécues. C'est certain que les personnes qui sont sur notre chemin participent à notre bonheur. Madame Chaussé n'était pas seulement sur notre chemin, mais dans nos vies. Tous, nous l'aimions, et elle aimait chacun de nous. Elle avait cinquante-neuf ans quand mon père l'a engagée pour travailler avec lui comme vendeuse et pour tenir le phare quand il avait à faire à Montréal. Au moins une fois par semaine.

Il avait choisi le lundi pour aller faire ses achats pour le magasin et pour la maison. À l'époque, il n'y avait qu'une place où on trouvait des produits pour la cuisine libanaise, et c'était boulevard Saint-Laurent à Montréal. Mon père aimait ce lundi qu'il attendait toute la semaine, me semblait-il. Pas plus que moi il n'était fait pour rester enfermé à attendre le client. Il avait choisi le lundi, car c'était un jour mortellement ennuyeux, pas un chat boulevard Sainte-Rose et encore moins dans le magasin. D'ailleurs, les expressions consacrées tournaient autour du mot « mort » : c'est donc ben mort aujourd'hui, mon Dieu que c'est mort, ç'a pas de bon sang comme c'est mort, disait madame Chaussé, qui avait à cœur que le magasin marche comme si ç'avait été le sien.

Pour des raisons que j'ignore, madame Chaussé parlait anglais avec mon père. Pourtant, mon père savait parler français. Il l'avait étudié à l'école pendant quelques années, sans le pratiquer, puisqu'au village ce n'était pas courant de parler le français comme à Beyrouth. L'anglais, il l'avait appris à Montréal en fréquentant ses cousins et, plus tard, les grossistes et commerçants avec qui il faisait affaire. Les cousins de mon père étaient tous nés ici et parlaient l'anglais. Certains parlaient le français et même un peu l'arabe, mais l'usage de l'anglais était prédominant.

Fait curieux : mon père n'a pas suivi la mouvance des immigrants vers les écoles anglaises, il ne s'est pas laissé impressionner par les religieux qui acceptaient difficilement les non-catholiques ou les refusaient carrément. Il nous a inscrits à l'école française par choix politique pour la majorité francophone, et pourtant s'exprimer en français l'intimidait. Il disait qu'il le parlait mal et que c'est pour cette raison qu'il préférait parler l'anglais. Plus tard, j'ai pu constater que son français était bien meilleur que son anglais. Alors pourquoi ?

J'ai remarqué au fil du temps qu'il n'était pas le seul à penser ainsi. Les néophytes croient que l'anglais est facile et que le français est difficile, qu'on peut faire toutes les fautes qu'on veut en parlant l'anglais, mais pas en français ! Comme si l'anglais était plus indulgent, avait le dos large et pouvait en prendre, tandis que le français était plus pointilleux, plus exigeant, qu'il nous pardonnait difficilement nos erreurs...

Lorsque nous habitions encore derrière le magasin, chacun de nous passait dire bonjour à madame Chaussé avant de traverser jusque chez nous. Quand nous avons déménagé, les lundis, après l'école, je venais lui tenir compagnie. Elle jetait un œil à mes devoirs, me faisait réciter mes leçons, mais là où elle était magnifique et irremplaçable, c'est quand elle me faisait répéter mes rôles. Elle était si comique et prenait son jeu tellement au sérieux qu'elle était presque offusquée lorsqu'une cliente entrait. « Pas le temps pour les fouineuses », qu'elle disait. Quand c'était un client, elle le prenait mieux, parce qu'elle savait qu'un client vient pour acheter, tandis qu'une cliente, c'est souvent pour regarder... les nouveaux arrivages. « Examiner chaque cossin, toucher à chaque bébelle, fouiller dans chaque racoin et revirer le magasin à l'envers, sans même acheter, ça prend ben plus de temps qu'acheter, oh, mon doux Jésus, surtout quand le patron vient de rentrer de la nouvelle marchandise... De la patience, faut-tu en avoir à revendre quand on travaille dans un quinze cennes ?! Et puis, pendant ce temps-là, pendant qu'on est là à attendre que la madame finisse par penser aller faire son souper, pis à se tourner les pouces parce qu'elle a pas l'air pantoute à y penser, on peut pas jouer à faire du théâtre... pendant ce temps-là ! »

C'est sûr qu'elle préférait les pièces de théâtre aux poèmes parce qu'elle s'amusait à donner la réplique. Pour la poésie, elle collaborait d'une autre façon. Un jour, elle a apporté son dictionnaire pour qu'on cherche ensemble les mots difficiles. Elle l'a laissé en dessous du comptoir de la caisse, et parfois quand nous n'avions rien à faire, elle m'apprenait de nouveaux mots, ou bien on jouait au dictionnaire en devinant la signification des mots les plus bizarres.

Quelques jours avant notre déménagement pour Saint-Vincent-de-Paul, madame Chaussé m'a offert un livre de poésie de Saint-Denys Garneau. En souriant, elle me l'a tendu ouvert à la page qu'elle voulait entendre et m'a dit: «Tiens, lis-moi ce poème-là, à haute voix et à première vue!» J'ai lu. Et je me suis dit qu'elle me souhaitait bonne chance pour la suite. Elle connaissait mon amour pour...

Le jeu
Ne me dérangez pas je suis profondément occupé
Un enfant est en train de bâtir un village
C'est une ville, un comté
Et qui sait
Tantôt l'univers.
Il joue.

Madame Chaussé a été la première et la seule à travailler chez nous. Nous avons déménagé quatre fois dans Sainte-Rose, et nous revenions toujours vers elle, notre pôle stable et aimant. Quand nous sommes partis, madame Chaussé a continué pendant un temps, puis elle a démissionné. Elle a dit à mon père dans un anglais impeccable: «Ça m'ennuie bien trop de venir travailler depuis que je ne vois plus personne de votre famille, monsieur Farhoud.»

Elle l'appelait toujours «monsieur Farhoud», même si elle lui parlait en anglais, jamais par son prénom ou autrement. Pourtant, mon père avait une trentaine d'années de moins qu'elle.

Je me dis parfois en regardant le passé, en revoyant ses petits cheveux frisés et toujours bien placés… sans madame Chaussé qui nous a aidés et surtout aimés, serions-nous les mêmes aujourd'hui, serais-je la même personne, si elle n'avait pas été là ? Pendant la grisaille des premières années d'une famille d'immigrants déboussolée, s'il n'y avait pas eu de la bonté quelque part sur notre passage, serions-nous encore vivants ? Je ne veux pas dire morts physiquement, mais intérieurement si ébranlés que nous serions incapables d'aimer à notre tour la vie… et les gens de ce pays.

Mesquinerie

C'était presque la fin de ma quatrième année, et je me préparais à jouer le rôle principal dans une pièce à cinq personnages intitulée *Madame reçoit*.

Depuis mon arrivée à l'école Latour, à Sainte-Rose, j'étais choisie pour toutes les séances, et souvent pour de gros rôles. Nous avions au moins trois spectacles par année : Noël, Pâques et fin d'année. Notre professeure de diction nous donnait un cours d'une heure par semaine et venait plusieurs fois quand on approchait de la représentation publique. Nous répétions entre nous et parfois avec nos enseignantes quand mademoiselle Lépine n'était pas là. Je ne suis pas sûre que c'est son nom, mais je me souviens bien de sa longue silhouette, de son visage maigre et surtout de sa façon de prononcer chaque voyelle et d'articuler chaque consonne, qui était un tantinet exagérée.

Mademoiselle Lépine avait sélectionné *Madame reçoit* pour le spectacle de fin d'année des quatrième et cinquième, et m'avait choisie pour le rôle de Madame, ainsi que quatre camarades pour jouer les invitées et la soubrette. J'étais si heureuse que je n'avais qu'un seul désir : commencer les répétitions.

Nous avions eu une ou deux réunions avec mademoiselle Lépine, quand, coup de théâtre, ou plutôt coup de massue : je ne faisais plus partie de la distribution.

Pour des raisons que je comprendrais petit à petit, j'avais été exclue. Les quatre camarades avaient convaincu mademoiselle Lépine que c'était injuste que ce soit toujours la même qui joue les rôles principaux et qu'il fallait donner la chance à quelqu'un d'autre.

Elles avaient raison, j'avais eu des rôles importants, mais là n'était pas la question. On m'avait donné le rôle ! Pourquoi me l'enlever sans même m'en parler ?

Je ne saurai jamais comment Mariette X s'y est prise pour persuader mademoiselle Lépine. Mariette était une *leader* en même temps qu'une intrigante, une fille forte aussi et ambitieuse, qui arrivait souvent première de notre classe. Plus souvent que moi d'ailleurs. Elle avait sa cour de filles qui lui mangeaient dans la main, et comme elle était la plus riche de la classe, elle organisait des fêtes et n'invitait que celles qui l'adoraient. Pour faire partie de ses amies et aller à ses fêtes, il aurait fallu la complimenter, la flatter, faire attention à elle, la mettre sur un piédestal, se montrer inférieure à elle. Or, nos caractères étaient aux antipodes. Aujourd'hui encore, je suis indépendante, j'ai mes amies, et même si je n'en avais pas, je préférerais rester seule que de flatter dans le sens du poil. Je n'aime pas les lèche-culs et encore moins ceux qui profitent de ces derniers. Sur ce point, je n'ai pas changé, j'ai toujours dix ans…

La peine d'avoir perdu un beau rôle, mais surtout, d'avoir été ostracisée... Juste à penser qu'on avait comploté dans mon dos, que personne n'était venu me parler, mademoiselle Lépine pas plus que mes camarades de classe, je me sentais fiévreuse. Je me sentais trahie, rejetée, seule. Et soudainement, étrangère. Ce sentiment trouble refaisait surface, et j'aurais tout donné, tout, pour ne plus jamais le ressentir.

Nous habitions déjà une belle petite maison rue du Plateau-Ouimet. Les affaires de mon père allaient mieux sans doute et le petit réduit derrière le magasin était devenu étouffant. Depuis ce déménagement, je passais moins souvent au magasin. J'y venais surtout par plaisir parce que j'aimais beaucoup parler avec madame Chaussé. Elle voyait bien que quelque chose n'allait pas.

— Qu'est-ce que tu vas faire ?

— Rien.

— Tu ne vas pas aller voir mademoiselle Lépine ?

— Non.

— Si elles sont jalouses de toi, ça veut dire que t'es meilleure qu'elles.

J'étais inconsolable.

Je continuais à aller à l'école, à voir les comédiennes de *Madame reçoit* ne pas se lâcher d'un pouce à la récréation, et faire toutes sortes de sparages pour me rendre jalouse. Je n'étais pas jalouse d'elles, je savais ce que je valais, mais j'avais de la peine, beaucoup de peine.

Ce qui est bizarre, c'est que pendant cette période d'exclusion, je n'allais plus jouer avec mes amies de la rue du Plateau-Ouimet en bas, je venais systématiquement passer mon temps avec madame Chaussé jusqu'à la fermeture du magasin.

Je ne sais trop ce qui se passait dans ma tête de petite fille de dix ans.

J'ai vécu ces trois ou quatre semaines comme hors du temps. Ça, je le sais.

Bouillonnante en même temps qu'éthérée et déconnectée socialement, à l'exception de mon lien avec madame Chaussé. Plus rien n'était pareil ni à l'école ni à la maison.

Mais cette histoire était loin d'être finie, et en voici le revirement.

Je suis au magasin, comme chaque jour depuis cet ébranlement, lorsque je vois entrer trois filles de mon âge, celles-là même avec qui j'aurais dû jouer le rôle de Madame. L'une est dans ma classe, la deuxième en 4B et la troisième en 5B. Mariette X n'est pas là. Madame Chaussé est en train de servir une cliente et jette des coups d'œil vers moi. Fine mouche, elle a tout compris, bien avant que les filles disent pourquoi elles sont là. Eh oui…

— Mariette est très malade et si on ne trouve pas de remplaçante, la pièce sera annulée. S'il vous plaît, y a juste toi qui peux nous sauver. S'il vous plaît, on s'excuse, pardon, c'est vrai, pardon, on a vraiment envie de jouer la pièce, on a travaillé très fort, s'il vous plaît, on s'excuse. Y a juste toi.

Les phrases se chevauchent, l'énervement est à son comble.

Leur pièce de théâtre chérie était entre mes mains. Elle pouvait exister ou mourir, il n'en tenait qu'à moi…

On était vendredi et le spectacle devait être présenté mardi. J'ai eu comme un moment de triomphe : mes petites maudites, allez vous faire pendre. Vous m'avez fait souffrir, c'est à votre tour, maintenant !

J'ai simplement dit que j'allais y penser. Alors, l'une a dit :

— Oui, c'est sûr, mais on sait que t'es capable, t'es la seule capable de tout apprendre en deux jours et de le faire mieux que n'importe qui, tu es la meilleure, pas seulement de la classe, mais de l'école. (Peut-être que si je l'avais connu, j'aurais pensé au mot «flagornerie».) On va te laisser tranquille, pis on va revenir dans une heure.

Tranquille, je ne l'ai pas été. J'étais déchirée entre le goût de jouer la pièce et l'envie de leur faire payer leur méchanceté, jalousie, petitesse, mesquinerie.

J'ai compris pendant cette heure – une heure importante dans ma vie – qu'en me vengeant d'elles par une autre mesquinerie, je deviendrais tout aussi mesquine qu'elles. Si je passais par-dessus leur méchanceté en travaillant très fort, je leur ferais plaisir tout en me faisant plaisir.

Si je disais non, tout le monde allait y perdre. Même moi.

Si je disais oui, nous étions toutes gagnantes.

Pendant les quelques minutes où mon cœur et ma tête se battaient entre eux et entre le bien et le mal, où je me demandais quel était le meilleur chemin à suivre, j'ai su que tout un chacun pouvait devenir mesquin, moi y compris. Quand j'ai eu pris ma décision, j'ai eu le sentiment très net d'avoir compris quelque chose de l'âme humaine, sans penser une seconde que cette expérience vécue à l'âge de dix ans me serait utile tout au long de ma vie.

Marcienne Villeneuve-Groulx

J'ai eu trois jours pour apprendre mon texte. Et celui de mes compagnes. En jouant le rôle-titre de *Madame reçoit*, j'étais en quelque sorte la chef d'orchestre puisque je recevais chez moi les autres dames, nous prenions le thé en parlant de nos vies et de je ne sais plus quoi. Nous jouions des petites filles qui jouaient aux dames. Le conflit de la pièce – théâtre oblige – : la bonne veut changer de rôle et devenir une dame. J'étais en scène du début à la fin de la pièce qui durait quarante, quarante-cinq minutes.

Je vivais dans un autre monde. Absorbée par mon travail en même temps qu'excitée et heureuse. Pendant trois jours, je suis restée aussi concentrée qu'on l'est pendant les quelques minutes qui précèdent l'entrée en scène ! Sensation que je connaissais déjà et qui me ravissait.

Les filles étaient avec moi d'une gentillesse que je n'avais jamais vue. Trop. J'étais mal à l'aise, mais je n'avais pas le temps de m'attarder à cela. Je prenais la pomme ou le chocolat qu'elles m'apportaient, je disais merci et je retournais à mon texte. J'avais demandé à la maîtresse d'aller passer la journée dans la grande salle pour apprendre mon rôle et elle avait accepté.

Nous avons eu un seul enchaînement. Les filles m'avaient indiqué les places, mais comme c'était *moi* qui recevais, j'avais l'impression que je pouvais être maîtresse de mes mouvements. L'urgence aidant, je prenais la liberté de faire à ma guise dans *mon* salon, d'autant plus qu'il y avait un éclairage général. À cette époque, les mises en scène étaient minimalistes, je ne me souviens pas d'avoir entendu l'expression « mise en scène » avant bien des années, même si notre professeure de diction nous parlait du caractère des personnages, des relations entre eux, de leurs motivations, ce qui était déjà beaucoup plus élaboré que : tu rentres là, tu t'assois ici, tu te lèves quand elle a fini de parler et tu sors de ce côté.

La salle se remplit, j'entends les murmures que j'aime tant, mon cœur bat, je reste centrée sur ce moment extraordinaire que je vais vivre. Je ferme les yeux et je vois la montagne en face du verger de mon village, la beauté, la sérénité, l'immensité. Rien ne peut arriver de mauvais, je le sens.

Les troisième année viennent de terminer leur danse gymnastique, toute la classe à l'unisson, et puis c'est à nous.

On place les chaises et la table, et on se retire. La pièce peut commencer. La maîtresse donne les trois coups classiques et c'est *Madame reçoit...*

J'étais contente. J'avais réussi. Les filles avaient bien joué. Même mieux qu'à la générale. J'étais heureuse et à l'aise, je serais restée là toute la soirée, toute ma vie.

Les applaudissements, les saluts, et puis c'était la fin de l'aventure. Certains parents étaient venus. Pas les miens. Madame Chaussé m'a dit plus tard qu'elle aurait beaucoup aimé venir, mais que personne ne pouvait la remplacer au magasin. Moi, je flottais un peu, je regardais le monde se parler, rire. J'étais un peu en retrait quand une femme, cheveux noirs serrés à la nuque, s'est avancée vers moi avec un grand sourire et m'a dit :

— Tu sais, ma petite, que tu as beaucoup de talent.

J'ai dû dire merci avec un sourire et ajouter :

— J'aime beaucoup ça.

— Ça se voit, oh oui, ça se voit ! Mais y a aussi le talent. Tu sais, moi, j'enseigne la diction et le théâtre à des jeunes. Si tu veux, et si tes parents le permettent, je t'offre une année complète de cours gratuits. Je m'appelle Marcienne Villeneuve-Groulx, le Studio des colibris, c'est à Sainte-Thérèse, la ville à côté, à quinze ou vingt minutes en autobus. J'aimerais beaucoup t'avoir comme élève. Tu pourras demander la permission à tes parents.

— Mes parents vont vouloir, c'est sûr.

— Je t'attends samedi, alors !

Elle m'avait juste demandé mon nom, mais pas où j'étais née et depuis quand j'étais arrivée au pays, comme tous ceux qui me voyaient pour la première fois. Ce qui l'intéressait, c'était ce que j'étais et ce que je faisais quand je montais sur scène. Je l'ai aimée tout de suite.

Comment se fait-il que certains moments, on les sait importants, alors même qu'on est en train de les vivre ? Je le sentais déjà, ce jour-là, et je le mets en mots aujourd'hui : madame Marcienne Villeneuve-Groulx a changé ma vie. Cette année de cours gratuits m'a ouvert le chemin. Tout ce que j'ai fait par la suite, ce que je suis devenue, dépendait de ce moment où cette femme a vu en moi une petite flamme, et m'a aidée à la garder vivante.

Le Studio des colibris

J'étais une enfant heureuse. Le malheur est venu plus tard. Le mal-être, devrais-je dire. Quand j'étais dedans, c'était démesuré, englobant, « et la terre peut bien s'effondrer », et moi avec. Enfant, j'étais ruisselante de bonheur, et plus tard, je ne sais quand exactement, tout aussi ruisselante, mais à l'extrême opposé de cet inexplicable état qu'est le bonheur.

Un mot peut tuer ; un mot peut guérir, dit-on.

J'ai été sauvée par les mots.

Les mots qu'on m'a appris et les mots que j'apprenais par cœur.

Les poèmes me rendaient heureuse d'exister. Les apprendre par cœur, les réciter de mille façons, à voix haute, le mieux possible, encore et encore. Les clamer avec violence ou douceur, les savourer, les chanter, les dire vite ou les murmurer lentement, et en sentir chaque vibration. Savoir que quelqu'un serait ému, que quelqu'un d'autre que moi aimerait le renard qui attend son ami, la princesse qui ne veut pas mourir, la tortue qui fait tant d'efforts pour vivre ou la cigale qui n'a plus rien à manger.

Grâce à madame Villeneuve-Groulx – que nous appelions toujours madame Groulx –, ma professeure de diction et d'art dramatique, nous avions des poèmes à apprendre chaque semaine, et le samedi c'était journée de cours. La salle, avec petite estrade au fond, n'était pas bien grande et se trouvait dans la maison de madame Groulx. Après quelques exercices de groupe, les exercices individuels, elle nous corrigeait et nous reprenions en tenant compte de ce qu'elle avait dit. Rien ne changeait dans l'interprétation de certaines. C'était clair que certaines filles n'avaient pas envie d'être là. Elles venaient poussées par leurs parents ou je ne sais quoi.

Si pour plusieurs, le samedi matin au Studio des colibris était une corvée, pour moi, c'était le couronnement de ma semaine. C'était là, devant Madame, une dizaine de filles et un ou deux garçons, que je pouvais exprimer l'étendue des sentiments contenus dans le poème ou la fable.

Pendant la semaine, je mémorisais le texte et le travaillais à fond, toute seule, soit au sous-sol de notre maison, soit dans la chambre des filles, ou bien encore, quand le temps le permettait, dans la cour arrière, s'il n'y avait personne. Ce n'est pas que j'étais gênée de répéter devant mes frères et sœurs, je pouvais vite les oublier, mais ça les dérangeait. À l'exception de ma petite sœur, qui avait tout comme moi l'amour des mots et des histoires. C'était étonnant de voir cette fillette de quatre ou cinq ans écouter avec tant d'attention les poèmes ou les fables. Il est vrai qu'en sa présence, je forçais un peu sur les mimiques et les gestes. N'empêche qu'elle ne se lassait pas. Elle s'assoyait à même le sol ou sur un tabouret et me regardait. Elle ne m'interrompait jamais comme le font souvent les enfants. Une fois, je lui ai suggéré d'aller jouer avec un ami de son âge qui était aussi notre voisin. Elle m'a répondu comme si vraiment je n'étais pas vite sur mes patins : «Ben, je joue, là... tu le vois pas?» Et avec son plus beau sourire : «Tu peux pas voir parce que c'est juste dans ma tête!» Plus tard, elle me fera répéter mes rôles. Au fil du temps et de nos centres d'intérêt communs, ma première petite sœur née au Canada deviendra ma sœur-amie.

Après les exercices de groupe, madame Groulx posait toujours la même question : «Qui connaît son poème par cœur *et* sur le bout des doigts?» Pour elle, ces deux expressions n'avaient pas le même sens, et nous avons fini par comprendre ce qu'elle voulait dire par l'une et par l'autre, même si elle ne l'a jamais expliqué.

Plusieurs traînaient dans l'apprentissage des textes proposés. Chaque semaine, j'en avais travaillé un nouveau, alors Madame me demandait de monter sur scène. J'entendais parfois une camarade se plaindre : «Ah! c'est pas juste, c'est toujours elle!»

Ce qu'elles ne savaient pas — et moi non plus à l'époque —, c'est que pour moi, c'était une affaire de vie ou de mort, ou pour le dire plus simplement, une rampe de survie.

Certaines venaient pour apprendre, d'autres pour s'amuser, moi j'étais là pour m'exprimer, pour exister.

Nous étions encore des enfants, et mon ardeur était démesurée…

Si beaucoup de filles ne travaillaient pas leurs poèmes de la semaine, toutes par contre avaient hâte au spectacle de fin d'année. Les décors et surtout les costumes, l'excitation d'être sur scène, d'être regardée et admirée, tout cela les attirait, mais elles n'avaient pas plus le cœur à l'ouvrage pour y arriver, et il y avait toujours trop de répétitions à leur goût.

Jouer dans un grand théâtre et pas seulement sur les planches surélevées du Studio des colibris, c'était excitant, c'est vrai, mais moi, j'aimais les répétitions, ça me captivait… C'est là qu'on comprend pourquoi la reine est si méchante, et pourquoi elle veut tuer Blanche-Neige. J'aurai l'air plus vrai si je crie ou si je murmure ? Pour avoir l'air ceci ou cela, est-ce qu'il faut l'être à l'intérieur de soi ? Faut-il croire pour faire croire ? J'allais là par passion. C'est sûr. J'aimais jouer. J'aimais croire et faire croire. Je travaillais fort et j'avais du talent. Je ne me disais pas encore : je vais faire ça quand je serai grande. Mais ça n'allait pas tarder.

J'avais trouvé ma niche, ma maison, ma terre, mon théâtre. Un lieu où j'aurais toutes les raisons d'être montrée du doigt, pas parce que j'étais une étrangère, mais parce que mon personnage était beau, qu'il pouvait toucher et émouvoir. Sur ces planches porteuses où tant de gens avant moi avaient eu le trac et l'avaient surmonté, j'étais protégée. J'avais le droit d'exister. Je me sentais en harmonie, à ma place, à l'aise de proclamer que j'étais la reine ou la sorcière, la princesse ou la magicienne, le lièvre, l'âne ou la tortue, le navire qui va s'échouer, la chèvre qui a perdu son chemin, l'arbre qui a besoin d'eau et de soleil... J'étais tout ce que je désirais être.

Je venais d'un autre pays, oui, mais quand j'étais sur scène, j'étais de tous les pays.

Ou du pays que je choisissais.

Jana, sitté Jana

Je ne l'ai jamais appelée par son nom. Je n'ai jamais entendu personne l'appeler par son nom. Mon père disait *m'ma*, «maman»; ma mère l'appelait *mart aamé*, «femme de mon oncle»; les arabophones la surnommaient *oum* Chafic, «mère de Chafic», du nom de son fils aîné, comme le veut la tradition, et les francophones, madame Farhoud, comme le veut la coutume. Je n'ai jamais entendu personne l'appeler Jana. Jana, c'était le nom de ma grand-mère. Je l'appelais *sitté*. J'aurais pu dire *sitto* ou *téta*, mais à Aïn-Hirshy, le village de mon enfance dans le Sud-Est libanais, on dit *sitté*, ou *ya sitté* quand on s'adresse à sa grand-maman, et *sitté Jana* quand on parle d'elle à quelqu'un.

Sitté Jana est née en 1900. Le premier jour de l'année 1900. Si j'insiste, c'est que, dans mon village, personne ou presque ne sait quel jour il est né. Moi-même, j'ignore la date de ma naissance: «Tu es née au printemps, m'a dit ma mère, les chèvres dormaient dehors...» À Aïn-Hirshy, les villageois et les villageoises ont une mémoire phénoménale pour le moindre détail de la vie de chacun, sauf pour les dates de naissance! «Je suis né avant la grande famine ou après la Grande Guerre, ou juste avant que les Français arrivent au village, ou deux jours après mon cousin Nabil, ou je suis plus vieux que Marwan, mais plus jeune que Faridé…» C'est à peu près la réponse qu'on aura si on demande son âge à un habitant de mon village. Mais celle qui répétait que le siècle était né avec elle avait une sacrée bonne raison de ne pas se faire oublier!

Ma grand-mère est arrivée au Canada vers 1930. Elle n'était pas la première, on émigre depuis 1885 dans la branche paternelle de ma famille! Mais ces drôles d'émigrants qu'étaient mes ancêtres avaient la curieuse manie de toujours laisser l'un de leurs enfants au village. L'enfant devenait grand, émigrait à son tour en laissant derrière lui l'un de ses enfants… qui devenait grand, émigrait…

Vers 1903, les parents de ma grand-mère quittent le Liban comme le veut la tradition familiale en laissant leur fille Jana au village. Jana grandit en grâce, comme on dit, mais *pas* en sagesse! Enfin, ça dépend du point de vue… Forte de caractère, indépendante, déterminée, libre, Jana était une espèce d'oiseau rare qui en faisait jaser plus d'un. Elle avait réussi à apprendre à lire et à écrire, ce qui était très rare à l'époque, surtout pour une fille. Bien avant le féminisme, elle savait que l'émancipation passait d'abord par le savoir et l'indépendance financière, que la liberté ne se donnait pas, mais se prenait. Les conventions et les coutumes souvent très étouffantes, très peu pour elle et, au risque de provoquer le scandale, Jana a toujours suivi ce que lui dictaient sa tête et son cœur.

En cette année 1915, son cœur est intimement lié à un jeune homme, le plus beau du village, il s'appelle Farhoud, c'est le fils aîné de la famille Daher. C'est l'amour de sa vie, ils se marient, et ils ont trois enfants.

Mais qu'est-ce qu'ils ont donc, ces Libanais, à toujours vouloir partir !

Farhoud n'est pas différent des autres. Il quitte pays, femme et enfants et, quelques années plus tard, il revient mourir dans les bras de Jana… La lune de miel a été trop courte, et Jana est inconsolable, pour la vie. Elle ne s'est jamais remariée. Et ce n'est pas faute de prétendants.

À trente ans, elle part, elle aussi, avec deux de ses enfants, en laissant Chafic au village. Chafic, celui qui deviendra mon père.

Qu'est-ce qu'ils ont donc, ces Libanais, à toujours laisser un enfant là-bas ? Rester ou s'en aller, un jour, il faudra choisir !

Elle débarque à Montréal sans doute, mais, on ne sait ni pourquoi ni comment, elle se retrouve à Havre-Saint-Pierre, un village de la Côte-Nord, au Québec, où elle ouvre un petit magasin. Pourquoi Havre-Saint-Pierre ? Pourquoi si loin ? La nouvelle communauté libanaise avait commencé à s'installer autour des rues

Berri et Craig, dans le sud de Montréal, pourquoi aller si loin ? Mes questions sont toujours restées sans réponse.

Il y a quelques années, j'ai fait un pèlerinage sur les lieux où grand-mère a vécu et travaillé pendant tant d'années. J'y suis allée, à Havre-Saint-Pierre, en bateau, puisqu'il n'y avait encore aucune route terrestre praticable. Ô surprise, j'ai même rencontré des gens qui se souvenaient d'elle et de ses enfants. On aurait dit que la mémoire transformée en mots de ces quelques personnes me la rendait vivante et vraie. Ma grand-mère avait donc vécu là… Non pas que je pensais qu'elle m'avait menti, mais c'est au moment où on m'a parlé d'elle que ce qui était pour moi une fiction est devenu réalité. Comme si pour exister, il fallait être présent dans la mémoire de l'autre…

J'ai marché dans les rues du Havre, son magasin était devenu un bureau de poste. Au loin, le fleuve, c'est vrai, le paysage est très beau. Mais que faisait-elle, sitté, sans mari, sans amis, avec deux enfants à nourrir, que faisait-elle le soir, quand la nuit tombe, que les enfants dorment, que les clients sont chez eux, qu'il n'y a aucun livre, aucun journal écrit dans sa langue, que même la radio parle et chante dans une autre langue, une langue qu'elle connaît à peine ? Que faisait-elle, seule, sitté ?

La première fois que j'ai vu sitté Jana, c'était en 1951, j'avais six ans et elle était plus jeune que moi aujourd'hui. Mon Dieu que je la trouvais vieille… Je ne sais si mes parents ont vraiment fait le choix de partir, mais je sais qu'ils n'ont laissé aucun de leurs cinq enfants au village. Nous venions ainsi de rompre avec la tradition familiale qui veut qu'un enfant reste au village comme garant de notre appartenance à la patrie. Toute notre famille était là, prête à affronter une nouvelle vie, un nouveau monde.

À la mort de sa fille, grand-mère a vendu son magasin du Havre et ouvert une manufacture de chemises à Lacolle, à la frontière américaine, qu'elle a vendue avant de venir s'établir à Saint-Vincent-de-Paul près de Montréal pour ouvrir un magasin – son dernier. C'est dans sa maison, au-dessus du magasin, que nous avons vécu pendant un an.

Ce n'est pas d'une femme douce et aimante que je me souviens aujourd'hui, mais d'une femme vaillante et travailleuse, courageuse et méticuleuse. Je l'ai vue un jour coudre et découdre trente fois le col de sa robe pour qu'il tombe exactement comme elle voulait qu'il tombe. Son acharnement, sa patience, son goût du beau…

Jana n'était pas une femme qui se laissait marcher sur les pieds. Elle avait un sale caractère comme certains le disaient dans son dos, jamais en face. Avec son fils, mon père, c'était des disputes à n'en plus finir. Et pourtant, quand j'étais seule avec elle, je me sentais telle une princesse accueillie par une reine…

Un jour, quelques années après notre arrivée, elle est venue nous rendre visite dans la petite ville de Sainte-Rose où nous habitions alors. Elle m'a prise à part et m'a dit en arabe : «Aablè, tu veux venir passer quelques jours chez moi ?» J'ai tout de suite dit : « *È ya sitté.* »

Je me souviens de ce grand lit juste pour moi, avec des draps de coton blanc, si blanc, de cette chambre toute propre, qui sentait bon, juste à moi. Le lendemain, elle m'a réveillée d'une voix si douce que je croyais rêver. J'entends encore sa manière toute particulière de dire mon nom : «Aablè, Aablè, *fïï ya tou'brini'*, *fïï…* réveille-toi, ma chérie, réveille-toi…» Le déjeuner était déjà sur la table : du pain frais croûté encore chaud que je pouvais tremper dans la crème fraîche… ce que j'aime le plus au monde, encore aujourd'hui…

Chaque fois que je regarde le patchwork qu'elle m'a donné quelques années avant de mourir, superbe courte-pointe de satin me rappelant les textures et les couleurs des *Mille et une nuits*, je pense à ces milliers d'heures que sitté a passé à recoudre sa vie, seule, dans son magasin, rêvant peut-être à son amour mort et à sa fille morte quelques années plus tard. Chaque fois que je regarde ces losanges satinés au-dessus de mon lit, je pense à cette crème fraîche, à ce pain chaud ; à sa manière unique et si douce de m'appeler Aablè ; je pense que jamais Jana n'a imaginé que je transposerais un jour ma mémoire en mots pour lui rendre hommage.

Jana.

Jana, celle qui m'a appris à ne faire *que* ce que me dictent ma tête et mon cœur... Jana, celle qui m'a appris à coudre, découdre et recoudre les cols, les mots, les manches, les paragraphes, les blouses, les nouvelles, les robes, les pièces de théâtre, les manteaux, les romans, pour le plaisir et la beauté, juste pour le plaisir et la beauté, aller jusqu'au bout de soi-même, jusqu'au bout, juste pour le plaisir d'accomplir sa vie.

À la messe de 7 heures

Chez les chrétiens orthodoxes, dont je fais partie par ma naissance, la communion et la confirmation ont lieu le même jour que le baptême, lors de la même cérémonie. Vite fait, bien fait, et pas la peine d'en faire tout un plat. On va à l'église le dimanche et ce n'est pas un péché de ne pas y aller ; le dimanche des Rameaux les enfants sont contents de marcher dans les allées avec des bougies allumées, le Vendredi saint les vieux font tout un théâtre pour rentrer dans l'église qui est sous verrou pendant qu'il y a plein de monde sur le parvis, et à Pâques les enfants orthodoxes sont heureux à cause des œufs de toutes les couleurs et de la bataille en règle pour en gagner le plus possible. C'est à peu près tout ce que nous connaissions de notre religion.

Péchés véniels, péchés mortels et tous les interdits et la confession, je les ai appris à l'école. À la maison, c'était plus les valeurs morales qui nous étaient transmises : l'honneur, la parole donnée, le sens de la justice. Pour mes parents, c'était important de ne jamais humilier un être humain, quel qu'il soit, de respecter qui en sait plus que soi, de ne pas plier l'échine devant qui se croit plus fort ou plus riche, de ne pas écraser le plus faible, de parler en face et pas dans le dos des gens, et bien sûr d'être honnête et intègre.

Mon père et ma mère étaient croyants, mais très peu pratiquants, comme beaucoup de leurs coreligionnaires – la chrétienté orthodoxe est connue pour être la moins fanatique des confessions au Liban. Nous, les enfants, nous aurions dû leur ressembler. Mais le climat religieux des années 1950 dans lequel nous avons baigné nous a quelque peu changé : la peur du purgatoire, de l'enfer, de succomber à la tentation, et les prières pour sauver notre âme nous ont été inculquées comme à tous les enfants catholiques.

Je ne sais pas combien de temps cela a duré, mais j'ai eu, moi aussi, ma période mystique. Mystique est peut-être un peu fort. Un bonheur étrange d'être l'unique jeune fille dans l'église où il n'y a que de vieilles personnes, cette sensation particulière de marcher seule boulevard Sainte-Rose, et de me dire que j'ai un lien privilégié avec Jésus. Peut-être pas avec Jésus, mais avec le divin. Le sentiment de faire quelque chose hors du commun sans que personne m'y oblige m'élevait à mes propres yeux. Être éveillée pendant que les autres dorment, marcher dans le noir, sentir le froid et la faim, presser le pas, regarder le ciel qui s'éclaircit, et rentrer dans ce lieu grandiose et illuminé qu'est l'église Sainte-Rose-de-Lima…

Main droite dans l'eau bénite, signe de croix catholique et non orthodoxe, et génuflexion.

(Désapprendre le signe de croix, dès ma première année au couvent. Chez les orthodoxes : pouce, index et majeur rassemblés, on se touche le front en disant «Au nom de la croix», on s'effleure l'épaule droite pour le Père *avant* la gauche, qui revient au Fils. Alors que chez les catholiques, on se signe avec la main ouverte et relâchée, et de l'épaule gauche vers la droite.)

Puis je marche vers l'avant où il y a une dizaine de personnes, une autre génuflexion, et je me glisse dans ce banc de bois doux brun et brillant toujours à droite. Je m'agenouille, je joins les mains, je ferme les yeux et je prie. Quelle était ma prière à ce moment de ma vie ? Est-ce que j'allais communier à chaque fois ?

Un matin, j'ai ouvert les yeux, sans réveille-matin, comme d'habitude, je ne voulais surtout pas que mes sœurs se réveillent. Je me suis habillée le plus vite possible et, telle une souris, j'ai glissé sans bruit de pièce en pièce pour arriver jusqu'au long escalier qui donnait sur le boulevard Sainte-Rose. Dans cette maison bizarre, juste en haut de notre magasin, il n'y avait qu'une seule sortie et pas de couloir. Pour accéder à la sortie, quand on venait de la chambre des filles, il fallait passer par la chambre des garçons puis par celle des parents puis par la cuisine puis par un petit vestibule qui donnait sur le salon et la porte de l'escalier qu'il fallait emprunter pour se retrouver enfin dehors.

Ce matin-là, mon père – je le savais lève-tôt et je me levais encore plus tôt que lui pour ne pas avoir à lui rendre des comptes – était assis au salon avec son café et ses cigarettes. Il m'aperçoit tout habillée, manteau, bottes et tuque que je gardais par-devers moi pour ne pas avoir à les chercher le matin. « Mais qu'est-ce que tu fais là, qu'il me dit en arabe, il est bien trop tôt pour l'école. » Ce que je traduis par « qu'est-ce que tu fais là » était précédé d'onomatopées dont mon père avait le secret et qui généralement nous faisaient rire. Mais pas ce jour-là. J'étais pressée et je n'avais pas encore mangé parce que je voulais communier. (J'ai toujours eu faim le matin, et à bien y penser, les sœurs avaient raison, c'est un sacrifice d'être à jeun. Chez les orthodoxes, il me semble qu'on pouvait aller se chercher un beau morceau de pain tout dodu sentant l'anis, même si on avait déjà mangé.)

— Je vais à la messe.

— À la messe ? Si tôt ? Tu es sûre que le Messie est réveillé ?!

— Ce n'est pas drôle, papa, tu sais bien que le Messie est toujours réveillé et qu'il veille sur nous.

— Je sais qu'il veille sur nous, mais il peut veiller sur toi pendant que tu dors et que tu prends des forces pour passer une bonne journée à l'école… Oh ! je vois que tu as un visage sérieux. Les religieuses ont dû bien faire leur travail… Nous sommes orthodoxes, pas catholiques, ma fille. Encore un peu, elles vont te convertir et te rebaptiser, comme les religieux voulaient le faire avec tes frères, si je n'étais pas intervenu.

— Non, papa, les sœurs ne m'ont pas obligée. Elles n'obligent personne de la classe, c'est moi qui veux aller à la messe.

— Bien, vas-y. Mais pourquoi te priver de sommeil pour aller à l'église, si tu n'es pas obligée?

— C'est justement pour ça, papa. Parce que je ne suis pas obligée.

Et je file, laissant mon père s'interroger sur ma soudaine piété.

Juste au moment où je vais descendre l'escalier, ma grande sœur arrive, tout habillée pour sortir. Mon père et moi, d'une seule voix: «Pas toi aussi!»

D'une seule voix, mais pas pour les mêmes raisons.

J'aime ma grande sœur, nous avons fait beaucoup de choses ensemble, ne serait-ce que traverser nos premières années d'enfants d'immigrants. En tant que grande sœur, elle n'a pas sa pareille: elle aide ma mère pendant que je répète mes textes, elle coud mes costumes de théâtre, elle est là quand j'ai besoin d'elle, et moi de même. Elle peut me demander n'importe quoi, je le ferai, mais pas aller à la messe de 7 heures. Non. La messe, c'est mon affaire, je veux y aller seule. Complètement seule.

Comme elle était plus grande que moi, elle m'a vite devancée. Je la regardais marcher avec vigueur, la question que mon père venait de me poser, je la lui adressais en pensée : pourquoi te priver de sommeil pour aller à l'église si tu n'es pas obligée ?

La rue, soudainement, n'avait plus le même mystère…

M'ma et le bulletin de fin d'année

Je ne sais pas ce qui nous a pris de discuter du bulletin de fin d'année ce jour-là. D'habitude, notre mère ne nous demandait pas de traduire ce que nous nous disions, ma sœur et moi, alors nous parlions librement comme s'il n'y avait pas de parents. Parfois, m'ma souhaitait qu'on utilise l'arabe pour qu'elle puisse comprendre, mais comme elle n'insistait pas, après quelques mots nous passions au français. Avec mon père, il fallait faire un peu plus attention, puisqu'il arrivait à suivre une conversation en français, mais avec ma mère, surtout dans les premières années au Canada, aucune précaution à prendre. Et puis ma mère était toujours occupée à faire à manger et tout le reste pour que vivent décemment six enfants, un mari, une aïeule, et souvent des amis de mon père qui passaient plusieurs jours chez nous.

Ma sœur était en septième année et moi en cinquième. Je lui demandais si elle allait avoir un beau bulletin, même si je connaissais déjà la réponse. Elle avait sauté deux niveaux après sa première année et avait vite rattrapé les filles de son âge tout en se maintenant dans les premières de classe. Nous bavardions des parents qui vont chercher les bulletins de leurs filles, et que ça devait donc être terrible et gênant quand le bulletin était mauvais! Le mot «bulletin» ayant dû revenir souvent dans la conversation, ma mère nous a demandé ce qu'il voulait dire: «*Chou hada boultine?*» (Le *u*, sonorité qui n'existe pas en arabe, était devenu un *ou*, et la nasale *in* s'était transformée en *ine*.) Nous nous sommes tournées vers elle, aussi surprises l'une que l'autre.

Ma sœur a traduit le mot «bulletin», et moi j'ai eu le malheur de parler des parents et de la cérémonie à l'école. Ma mère a dit que c'était une bonne idée d'inviter les parents et qu'elle aimerait y assister. Ma sœur et moi, nous nous sommes regardées, et chacune a lu son inquiétude dans les yeux de l'autre.

Nous nous sommes alors mises en frais de la dissuader de venir. «Tu ne peux pas laisser la petite toute seule. Qui fera le souper? Ta robe est trop chic pour l'école et tu n'as rien d'autre pour sortir. Tu ne sors jamais seule. Tu vas te perdre.» Tout ce que nous disions tombait à plat et paraissait ridicule. Elle avait réponse à tout. Puis nous sommes arrivées à l'argument qui allait sûrement la faire reculer: «Tu ne sais pas parler le français, si quelqu'un t'arrête dans la rue...» Nous n'avons pas le temps de finir la phrase que notre mère bondit. «C'est bien là l'excellente idée de votre père, que je reste ignorante, que je me sacrifie, eh bien qu'il se sacrifie, lui, moi j'en ai assez!» Ma sœur et moi, nous nous regardons alors, éberluées, ce n'est pas m'ma qui est devant nous, notre mère ne parle pas de cette manière. Mais qu'est-ce qui lui prend ? Le besoin de sortir de la maison lui a sûrement monté à la tête.

Nous ne voulions pas que notre mère vienne à l'école, pas parce que nous avions honte d'elle, mais parce que nous avions peur pour elle.

Depuis toujours, en tout cas depuis que nous avions immigré, le rôle de notre mère était clair, et qu'elle en déroge nous remuait. M'ma s'occupait de nous à l'intérieur de la maison et nous la protégions des intrus et de l'extérieur. Nous avions appris la langue de l'étranger avant elle, nous savions mieux qu'elle comment garantir sa sécurité et la nôtre avec l'arme dont elle ne pouvait pas encore se servir.

Nous craignions qu'elle ne sache pas se défendre. Nous nous étions donné le mandat de la protéger en parlant à sa place au facteur, au laitier, au boulanger, de l'accompagner chez le médecin et de faire nous-mêmes les courses pour qu'elle n'ait pas à sortir. Notre intégrité familiale en dépendait. Même notre petite sœur née ici, qui avait trois ou quatre ans lors de la scène du bulletin, répondait au téléphone déjà depuis longtemps, parlait au laitier, au boulanger, et traduisait à m'ma. Notre mère disait souvent : mais comment voulez-vous que j'apprenne le français si vous parlez toujours à ma place ? Et bayé invariablement répliquait : il faut que tu continues de parler l'arabe avec les enfants, sinon ils vont l'oublier. Si toi aussi, tu apprends le français, tu vas vouloir parler avec les enfants pour t'améliorer, et ce sera fini de l'arabe dans la famille.

À moitié par ironie et à moitié fâchée, ma mère disait :

— Quand quelqu'un m'adressera la parole, je ferai semblant d'être muette et sourde, ça sera moins gênant que de passer pour une idiote et une ignorante.

— Qu'est-ce qu'on peut faire ? disait mon père, déjà les plus jeunes ne comprennent plus ce que je leur dis. Et quand je leur raconte des histoires du pays, ils trouvent n'importe quelle raison pour disparaître.

M'ma est venue malgré nos protestations.

Quand c'est mon tour de recevoir mon bulletin, je jette un œil inquiet vers la salle, et je la vois, ma mère, si belle, si jeune. Je ne sais pas si à ce moment-là je dis oh que ma mère est jeune, mais je dis sûrement oh que ma mère est belle. M'ma a la tête haute, le visage brillant et le regard droit. Ma petite sœur me voit, elle est venue avec ma mère, elle m'envoie un tata et un beau sourire complice pour dire ne t'en fais pas, elle est avec moi…

C'était la première fois que je voyais ma mère en dehors de notre maison.

M'ma ne nous a pas attendues, je l'avais pressenti. Quand nous sommes arrivées, haletantes, ma mère nous a regardées avec un sourire taquin : «Vous voyez, le loup ne m'a pas mangée.» Le loup de ma mère n'est pas celui du Petit Chaperon rouge, mais celui qui mangeait les chèvres dans son village.

— Je ne sais pas pourquoi vous vous en faites toujours pour moi, j'ai quand même pris le bateau seule
avec cinq enfants, votre frère le plus vieux avait juste
onze ans et le plus jeune même pas trois ans. Et quand
votre père est parti pour le Canada, et qu'il nous a
laissés seuls pendant deux ans, et qu'il nous envoyait à
peine quelques dollars, qui est-ce qui s'est occupé de
vous, dans la maison et en dehors? Moi. Je me suis
occupée de vous, pendant deux années, seule, et aucun
de vous n'est mort de faim, il me semble.

La couronne de la méchante reine

Chaque année, madame Groulx organisait au moins deux événements qui permettaient à la douzaine de filles et aux deux garçons de ma classe d'expérimenter la grande scène. Nous montions régulièrement sur la petite scène du Studio des colibris, mais c'était entre nous. Un vrai théâtre, c'était autre chose. Toute personne qui le désirait pouvait assister à notre spectacle, le prix d'entrée était minime et la parenté des unes devenait le public des autres. Jouer devant nos parents, frères et sœurs était beaucoup plus intimidant que si ç'avait été des inconnus. J'étais tranquille, mes parents ne venaient jamais.

Madame Groulx avait adapté *Blanche-Neige*, le conte des frères Grimm. Nous répétions depuis plusieurs semaines et tout le monde était prêt pour les trois représentations au théâtre du Séminaire. Madame Groulx avait eu la brillante idée de donner le rôle de Blanche-Neige à trois filles, ce qui rendait l'atmosphère plus agréable : pas de jalousie, pas d'envie, les trois meilleures joueraient Blanche-Neige pendant un soir chacune. Heureusement pour moi, le rôle de la méchante reine n'avait pas connu le même sort. De toute façon, personne n'en voulait. C'est Blanche-Neige qui avait la cote. J'ai donc joué trois fois la reine.

C'est à la troisième représentation que mes parents sont venus, sans prévenir. Avec mes deux sœurs.

Je les ai d'abord aperçus de dos en arrivant dans la salle après la représentation. J'ai senti une chaleur dans tout le corps. Je me suis ressaisie et suis allée vers eux. Ma petite sœur m'a sauté au cou, ça m'a fait du bien.

C'était la première fois que je voyais mes parents ensemble dans un lieu qui n'était ni la maison ni l'église orthodoxe où nous allions parfois en famille. À l'église, c'était normal, ils étaient parmi les leurs, mais là, dans ce théâtre, ils n'avaient aucun rapport avec les autres, ils détonnaient. Peut-être que chaque fille se dit la même chose de ses parents. Dans ma tête d'enfant de onze ou douze ans, je les sentais déplacés, pas dans leur monde, et pourtant, ils souriaient et ils avaient l'air content, et étaient visiblement fiers de moi. Mon père m'a dit : « Je ne t'ai jamais vue si en colère, surtout quand tu jettes ta couronne, c'est comme si tu voulais brûler le monde entier. »

Ce que mon père ne savait pas, qu'il exprimait par « brûler le monde entier », c'est qu'il avait assisté à une improvisation... La couronne avait bien tenu les deux premières représentations, mais pas à la troisième. La jeune actrice que j'étais avait « fait avec », comme disent les pros. Elle ne voulait pas que la reine perde la face ni sa crédibilité de personnage, elle avait donc fait semblant qu'elle pétait les plombs en jetant sa couronne et en accusant ses serviteurs de ne pas avoir bien fait leur travail. Méchante reine !

Mon rôle était le plus beau de la pièce, et pour rien au monde je ne l'aurais échangé contre celui de Blanche-Neige. Les émotions que cette reine éprouve parce qu'elle n'est plus aussi belle qu'avant sont bouleversantes quand on est à l'intérieur du personnage. Miroir, gentil miroir, dis-moi, dans le royaume, qui est la femme la plus belle ?

À onze ou douze ans, on n'a pas encore de rides, mais on a déjà un passé. La jalousie qui dévore la reine n'est pas un sentiment que j'éprouve facilement, mais la perte de statut, je connais. La reine perd ce qu'elle a connu, et elle est prête à tuer pour le récupérer…

En plus, elle se déguise trois fois pour tromper sa rivale. Trois changements de costume pour une jeune actrice, c'est du gâteau à la crème glacée vanille et chocolat avec quelques amandes grillées et cerises en sus.

Comme chaque fois, après une bonne performance, je me sens dans un drôle d'état. En même temps invincible et vulnérable, comblée et vidée, je voudrais rentrer chez nous et en même temps rester là.

Nous nous apprêtons à partir, ma famille et moi, quand un homme, un peu plus âgé que mon père, vient saluer mes parents avant de se tourner vers moi avec un sourire chaleureux. Il glisse dans ma main un billet de deux dollars rose plié en quatre. De ses deux mains, il referme mes doigts sur le billet en hochant la tête comme s'il disait oui oui c'est pour toi, prends, c'est de tout mon cœur.

Je regarde mes parents. Ils sont aussi surpris que moi. Même ma petite sœur, qui d'habitude n'arrête pas de poser des questions, est silencieuse. Même ma sœur et mon père restent muets, ce qui ne leur ressemble pas. Le monsieur tourne les talons. Il n'a pas dit son nom et ne nous a pas demandé le nôtre. Il sort de la salle sans se retourner. Et nous restons bouche bée.

Dans l'auto, sur la route vers Sainte-Rose, ma petite sœur me demande pourquoi j'ai jeté la couronne et si c'est des vrais diamants qu'il y a dessus et aussi pourquoi le monsieur a mis de l'argent dans ma main. Je bredouille des réponses. Puis l'habitacle redevient silencieux un moment avant que m'ma demande à bayé :

— Serais-tu allé, toi, vers une jeune fille que tu ne connais pas pour lui donner deux dollars ou autre chose ?

— Sûrement pas, répond papa, je serais peut-être allé la féliciter, mais c'est tout.

— Moi… Je me serais posé mille questions avant et, quand je me serais décidée de le faire, il aurait été probablement trop tard. (M'ma se tait un instant et reprend, admirative.) J'ai trouvé le geste de cet homme émouvant. C'est inattendu… et d'une grande beauté. C'est comme s'il s'était dit que les mots s'envolent et que les gestes demeurent… Sans réfléchir plus qu'il ne faut et pour donner de la force à ce qu'il ressent, il fouille, il n'a rien d'autre sous la main, il sort un billet de sa poche, le plie et l'offre à notre fille, avec tout son cœur. (Après un court silence, m'ma se tourne vers nous.) Votre grand-père était comme ça, au lieu de dire aux pauvres du village : qu'Allah vous vienne en aide, il allait leur porter du pain, ou nous demandait de leur déposer des paniers. (Elle regarde la route pendant un moment et redevient pensive.) Les gestes aussi disparaissent, mais un peu moins vite que les mots… La preuve, on est encore en train d'en parler…

Maudite Syrienne, va-t'en donc chez vous!

Je ne travaillais pas encore au magasin pendant les vacances, j'allais jouer comme les autres enfants. Au parc de Sainte-Rose, il y avait toutes sortes d'activités organisées, des concours, des tombolas, parfois des repas offerts à tous les enfants. On s'amusait ferme. Et le clou des festivités était l'élection d'un maire et d'une mairesse qui avait lieu à la fin de l'été.

Un moniteur m'a dit: «Tu pourrais te présenter comme mairesse»; j'ai répondu: «Pourquoi pas.»

Pendant ma campagne, personne ne m'a crié des noms. Les insultes, qui se résumaient souvent à «Maudite Syrienne, va-t'en donc chez vous!», avaient disparu cet été-là, en tout cas je ne les entendais plus.

Quand un garçon ou une fille de ton âge te crie: «Maudite Syrienne, retourne donc chez vous», tu ne vas pas arrêter son élan pour rectifier le tir. «Hou, hou, je suis Libanaise, pas Syrienne!» Mais ça m'intriguait. J'ai su longtemps après que les premiers immigrants (à la fin du XIXe siècle) étaient en effet des Syriens. Même notre région, d'où provenait un grand nombre de migrants, appartenait en partie à la Syrie. Ce sont surtout des Syriens qui parcouraient les villages avec leur balluchon rempli de choses à vendre, et «le Syrien» était resté dans la mémoire populaire synonyme de l'étranger. J'entends d'ici la fille qui crie: «Moman, moman, le Syrien est arrivé!» Ce qui voulait dire des rubans, épingles à cheveux, crayons de couleur, savons et rouges à lèvres… à acheter.

Les moniteurs ont construit une estrade et même loué un micro sur pied. Deux autres filles se présentent pour le titre et trois garçons. Mon discours est prêt, je le connais par cœur. Y a des gars et des filles qui ont lu leur texte, moi je trouve plus amusant de l'apprendre parce que je peux faire autant de gestes que je veux comme si je jouais un rôle. Les enfants ont écouté les six participants, sous le soleil qui tape fort, avec patience, même que personne ne s'est fait crier chou. Et puis, ils cochent le nom d'une fille et d'un garçon sur la feuille que les moniteurs leur passent. Le comptage est long et pénible et je me dis que je ne serai jamais politicienne.

La majorité a voté pour moi. Je suis contente parce que les enfants ne se sont pas demandé d'où je venais et ce que je faisais là, ils ont écouté mon discours et l'ont aimé, c'est tout. Après cinq ans à Sainte-Rose, on s'est habitué, de part et d'autre.

Quand monsieur le maire, «le vrai», vient nous féliciter et nous remettre les clés de la ville pour un jour, après avoir écorché mon nom – pas grave, j'y suis habituée – il me demande d'où est-ce que ça vient, ce nom-là. Je réponds du Liban.

— C'est où ça?

— En Asie.

— Ah bon, je pensais qu'il y avait juste des yeux bridés en Asie.

Pendant qu'il me jauge pour savoir si mes yeux sont assez bridés pour être asiatiques, j'en profite pour lui demander qui devient vraiment «maire», puisqu'on est deux élus.

— Les deux.

J'enchaîne tout de suite avec une deuxième question, curieuse de savoir s'il y a déjà eu une mairesse à Sainte-Rose.

— Bien sûr, ma femme est mairesse!

Je précise: pas la femme du maire, que je veux dire, mais une vraie mairesse élue. Il me regarde comme si je disais une chose des plus étranges, mais ne répond pas, quelqu'un d'autre lui fait des signes et veut lui parler.

Notre récompense: un tour de ville dans une voiture décapotable, qui klaxonne gaiement. Maire et mairesse prennent leur rôle au sérieux. Comme on l'a vu faire à la télévision, on envoie la main en souriant au «peuple rassemblé» sur les trottoirs. En passant par le boulevard Sainte-Rose, je fais un bond quand je vois madame Chaussé et ma sœur devant notre magasin. Elles crient, applaudissent et d'autres les imitent. J'imagine que mon sourire a dû alors se réchauffer considérablement, si je le compare au sourire un peu figé de la photo en noir et blanc que je viens de retrouver.

Je suis assise à côté d'un garçon que je ne connais pas, il a l'air un peu plus vieux que moi. J'ai douze ans, et je ne me reconnaîtrais pas non plus, si je n'étais pas sûre que c'est moi. C'est la photo officielle des maire et mairesse du parc de Sainte-Rose de l'année 1957 ou peut-être 1958.

Journée mémorable pour moi, pas seulement à cause du tour de ville en décapotable, mais de l'agréable sentiment d'être enfin intégrée. Pendant tout un été, aucune phrase déplaisante du style «Maudite Syrienne, va-t'en donc chez vous» ne fut prononcée. Une ère de conciliation avait l'air de vouloir commencer.

Manger pour chiens

À Sainte-Rose, dans les années 1950, on ne trouvait pas de bourghol ni de pois chiches. Les lentilles étaient connues comme un plat biblique qui avait joué un très mauvais tour à celui qui l'avait mangé, mais on n'en trouvait pas à l'épicerie, pas plus que le *kishk*, soupe déshydratée qui remonte à la préhistoire, que j'aimais beaucoup quand j'étais enfant, presque autant que le *zaatar*, mélange de thym, de sumac et de graines de sésame dont on enduit le pain gorgé d'huile d'olive avant de l'enfourner dans notre bouche ou dans le four, au choix.

Pas de persil ni de menthe pour le taboulé, qu'on trouve maintenant dans les restaurants, les épiceries et même dans les dictionnaires, où on affirme que c'est un mot masculin quand j'ai toujours dit *une* taboulé !

Les feuilles de vigne, nous allions les cueillir dans les campagnes, et les courgettes à farcir, les fermiers des environs ont fini par les faire pousser dans leurs champs pour le plus grand plaisir des nombreux Libanais de Montréal qui venaient les acheter par cageots pleins. Nous en mangions des fraîches une fois ou deux, puis ma mère les évidait et les mettait dans la saumure, courgettes vert pâle aplaties dans d'énormes bocaux en verre pour l'année, et quelle fête chaque fois qu'elle nous en préparait! Ma mère faisait aussi le yogourt, inconnu de tous les enfants de mon âge. Du yogourt, elle tirait un petit fromage appelé *labneh* qu'elle laissait s'égoutter pendant des jours. Il me semble qu'il y avait toujours une grosse poche pleine en coton blanc suspendue quelque part. Mon père, lui, se chargeait du fromage à chair ferme, qui se gardait plus longtemps enduit de sel. Il se pétait les bretelles comme tous les cuisiniers du dimanche, nous racontait des histoires de nos ancêtres chevriers, les meilleurs dans leur domaine, et nous refilait tous les chaudrons à laver…

Mon père adorait le foie, qu'il mangeait cru s'il était frais, accompagné d'un peu d'arak. Quand on avait l'âge et même si on ne l'avait pas, on en prenait une goutte en essayant de mordre dans cette chose bizarre tant prisée par le paternel. Dans ce temps-là, le foie et les abats nous étaient donnés gratuitement ou presque par le boucher, car personne n'en voulait. Monsieur Charbonneau (est-ce bien son nom?) pensait que nous avions un gros chien à nourrir, et aucun de nous n'a osé le contredire.

Un jour, ça devait être un samedi puisque j'étais à la maison, j'ai dû téléphoner à un plombier en urgence. Je l'attendais pour lui expliquer la situation, ma mère ne parlait pas assez le français. J'étais postée en avant pour le recevoir, il est arrivé par la porte d'en arrière qui ouvrait directement sur m'ma en train de préparer le *foul moudammas*.

Le *foul*, légumineuse apparentée à la gourgane qu'on achète sèche, qu'on trempe et cuit longuement pour ensuite en faire une espèce de purée nourrissante, qui dit-on a sauvé l'Égypte de la famine et de la carence alimentaire, a été exporté d'Afrique au Moyen-Orient et plus tard à Montréal.

Le plombier fait une grimace avant même de dire bonjour. Aussitôt que je l'ai entendu toquer, je me suis précipitée. Trop tard, il a vu l'horreur et il ne s'est pas gêné pour exprimer son dégoût : « Coudonc, c'est-tu du manger pour chiens que vous mangez là ? »

L'impoli plombier, n'ayant vu que cette pâte brune, n'est pas capable de se la fermer, car le *foul* écrasé, c'est dégueulasse, il faut bien le dire, et on peut facilement le confondre avec du manger pour chiens et même pire. Mais bientôt, on y ajoutera un filet d'huile, du citron et de l'ail, des feuilles de menthe, des radis, des concombres, des oignons verts et même des œufs durs, si on veut. Tout ça finira par rendre cet humble plat appétissant. Mais le plombier n'en aura aucune idée et ira dire à ses clients que les Syriens sont pas du monde comme nous autres, je vous le dis, ils mangent du manger pour chiens !

Quand il nous arrive de manger ce plat en famille et que quelqu'un se souvient de cette anecdote, nous en rions de bon cœur. Mais la petite fille que j'étais ne l'a pas trouvée drôle !

À Montréal avec bayé

Tous les lundis matin, mon père partait pour Montréal. En plus des provisions pour que m'ma puisse cuisiner libanais, il devait faire les achats pour ses deux magasins. Depuis peu, il avait ouvert Chaussures pour toute la famille, de l'autre côté du boulevard Sainte-Rose, de biais par rapport au 15¢. Seul toute la journée à attendre le client, il lisait son journal en arabe de la première à la dernière page. Et recommençait. Son unique journal devait lui durer une semaine, et même plus, si l'arrivage du Liban prenait du retard. Si chiffonné, son journal, que rendu au samedi il aurait pu dire lui-même qu'un chien l'avait mâché et recraché... Bayé s'ennuyait ferme, sauf quand la neige tombait à l'improviste et qu'il fallait à tout prix trouver des caoutchoucs pour petits et grands. Si la tempête survenait un samedi, mon grand frère et moi, nous allions l'aider; ma sœur, elle, s'occupait du 5-10-15¢ plus souvent qu'à son tour.

Quand le lundi arrivait, c'était un détenu en permission qui roulait vers Montréal...

Un lundi, je ne sais trop pourquoi, je l'ai accompagné. J'avais onze ou douze ans. C'est l'unique fois de mon enfance que j'ai passé toute la journée seule avec mon père, sans frères ni sœurs à nos côtés. Je l'ai suivi partout où il allait, il refusait que je l'attende dans la voiture. Il me présentait : « *Here is my daughter* », et me regardait comme si j'étais la plus belle enfant du monde. Puis il jetait un œil à son interlocuteur pour voir s'il pensait la même chose que lui. « *In French she is the best of the province of Quebec, she speaks on the radio every Saturday !* »

Je faisais de la radio depuis peu avec madame Groulx et les élèves du Studio des colibris, et mon père n'en revenait pas. Il ne manquait aucune émission le samedi matin et ses clients non plus, j'en suis sûre ! L'homme qui servait était étonné, lui aussi : une jeune fille qui faisait de la radio, c'était plutôt rare. Mon père se lançait dans les explications : « *She's excellent actress, that's why.* » J'étais vraiment gênée. Au moment où je me demandais ce que je faisais là, dans cet entrepôt chargé à ras bord d'objets à vendre, où mon père n'arrêtait pas de vanter mes qualités, les félicitations de l'inconnu arrivaient et mon sourire se formait malgré moi. Après le troisième grossiste à qui bayé avait loué en anglais mes mérites et mon «bon parler français», je me suis dit que j'aurais donc dû rester à Sainte-Rose et jouer au parc avec mes amis, mais en même temps, j'avoue que ça me faisait un petit velours, peu importe la langue. J'avais toujours senti la fierté de mon père à mon égard, mais c'était la première fois que je l'entendais parler de moi en dehors du cercle familial.

Bayé a parlé en anglais et en arabe à l'épicerie Main Importing et chez Aboosamra Kouri, qui importaient toutes deux des denrées typiquement libanaises et syriennes. Au restaurant, il a commandé en anglais avec son accent particulier et la serveuse lui a répondu dans la même langue avec le sourire et un léger accent qui ressemblait à celui de madame Chaussé. Nous sommes passés chez Bata Shoes of Canada, chez Shatilla Smallwares et Anbar and Sons, et même à la Bank of Montreal. Depuis le début de cette virée dans Montréal, je n'avais pas entendu un seul mot de français. À l'école, j'étudiais l'anglais, et nous regardions souvent la télévision en anglais, je comprenais donc assez bien ce qui se disait, n'empêche que j'étais dépaysée. Ce n'était pas mon premier dépaysement ; à l'âge vénérable de douze ans, des chambardements, j'en avais vu ! Étais-je devenue plus fragile et réfractaire aux changements à cause de mon caractère, des chocs culturels répétés, ou des deux à la fois ?

Père parlait le français avec les clients du magasin quand il était absolument obligé. Ce n'était pas tant par amour du français qu'il tenait à ce que nous l'apprenions, mais par amitié et respect pour ceux qui le parlaient. « Le peuple ici parle le français, disait-il, nous sommes chez eux. Ils sont la majorité, et pourtant, je ne sais pas pourquoi, ils n'occupent pas beaucoup de postes importants dans les entreprises ni les grands commerces, sauf Dupuis Frères, et même si à Montréal tout se passe en anglais, vous apprendrez d'abord le français par égard pour ceux qui ont reçu nos ancêtres.»

Indépendantiste dans l'âme, mon père avait travaillé pour l'indépendance du Liban dans les années 1940, et plusieurs années après, dans un geste souverain, contrairement à tous les immigrants de sa génération, mon père a voté pour le Parti québécois en 1976! Et pour le «oui» aux référendums qui ont suivi.

Sur le chemin du retour, bayé, qui d'habitude parlait tout le temps, s'est mis en frais de me faire parler, moi. Il me posait toutes sortes de questions concernant mon court passé, et n'en démordait pas tant que je n'avais pas répondu. «Est-ce que tu t'ennuies de Aïn-Hirshy? Tu t'en souviens? De quoi te souviens-tu?» Il ne m'a pas lâché avant que j'énonce tout ce qui me venait en mémoire. Et puis la question à laquelle je ne m'attendais pas: «Est-ce que tu aimerais y retourner un jour?»

Réponse évasive de ma part. Puis c'est là, assise sur la banquette près de mon père, sur la route menant de Montréal à Sainte-Rose, que je l'ai entendu pour la première fois dire tout haut ce qu'il pensait peut-être depuis toujours: il désirait de toutes ses forces retourner un jour avec sa famille dans son Liban adoré.

J'entendais mon père rêver tout haut.

Aucun mal à cela, c'était même plutôt émouvant de voir bayé perdu dans ses rêves. Je ne savais pas encore l'impact que ce rêve aurait sur nos vies.

Bracelet en or

Avec son bracelet en or au poignet gauche, m'ma avait des gestes gracieux quand elle travaillait. Ses gestes ressemblaient à ceux d'une danseuse aux bras minces et aux poignets tout en souplesse. Je ne sais si c'était le bracelet ou sa façon de se mouvoir, elle avait parfois l'allure d'une princesse enfermée là contre son gré, effectuant sa tâche l'esprit ailleurs, loin de notre maison ; elle donnait l'impression d'être là sans y être.

M'ma disait que c'était le bracelet de mariage de sa mère, que sa mère était morte quand elle avait cinq ans, que son père le lui avait donné à son propre mariage, que c'était la seule chose qui lui restait d'elle, et que ce bracelet me reviendrait à moi ou à l'une de mes sœurs.

Quand ma mère relatait le passé – c'était si rare –, elle ne racontait pas, comme le faisait mon père, mais énumérait. Elle abrégeait tellement son récit que ça devenait confus. Nous lui posions des questions pour en savoir plus, mais nous en ressortions plus mêlés encore.

Elle ne quittait jamais ce bracelet. Elle ne l'ôtait même pas pour les gros travaux, le remontait vers le coude, et une fois qu'elle avait terminé, elle le savonnait longtemps, perdue dans ses pensées. Agréable à regarder et doux au toucher, le bracelet de ma mère était en or torsadé et ciselé avec soin. Elle portait toujours le même, et pourtant, elle en avait bien d'autres.

Un jour je me suis retrouvée à fouiller dans la garde-robe de mes parents. J'ai été émerveillée en ouvrant un beau coffret plat et rectangulaire en marqueterie rempli de bracelets, de chaînes et de boucles d'oreilles en or ; dans un sac de velours, il y avait aussi un magnifique collier à trois rangs, reliés par de minuscules paillettes et boules finement travaillées. Tout était en or. Le même or jaune que la croix et les boules que j'ai portées aux oreilles jusqu'à l'âge de dix ans. J'étais sûre et certaine que nous étions immensément riches, et que nos parents nous l'avaient caché pour que nous restions humbles…

La seule fois où j'ai vu m'ma porter ce collier fabuleux et ajouter d'autres bracelets à ses bras, c'était pour assister à une fête au Syrian Club.

Le club syrien était une association d'immigrants libanais arrivés ici avant l'indépendance du Liban en 1943, du temps où leur région faisait encore partie de la Syrie. Dans les années 1960, les mots *Lebanese and* ont été ajoutés à Syrian Canadian Association.

En plus d'un plantureux repas et de la danse folklorique, un invité spécial, chanteur réputé venu du Liban avec ses musiciens. Bienheureuse nostalgie !

Père avait mis ses plus beaux habits, lui aussi. Il regardait m'ma comme s'il la voyait pour la première fois. C'est vrai qu'elle était belle. Nous étions tous à la fenêtre du salon pour ne pas rater ce moment unique, sans tension ni chicanes. Ma mère portait une étole de fourrure et nous envoyait la main tout comme la reine Élisabeth à son couronnement quelques années plus tôt.

Au volant de sa première auto, une De Soto, père devait se dire que les temps durs étaient derrière nous. Qu'on pouvait maintenant respirer un peu, en profiter. Les deux ou trois premières années avaient été éprouvantes, même pour nous, les enfants. Et en voyant nos parents partir seuls comme des amoureux, sans nous en parler, tous les six, nous savions que quelque chose de bon allait nous arriver. Il y avait quelque chose d'inusité et de solennel dans ce moment où nous étions tous à la fenêtre, sans disputes ni tiraillements – même la plus jeune, qui d'habitude aurait insisté pour faire un tour d'auto avec son papa, était silencieuse dans les bras de l'aînée et regardait nos parents en sentant tout comme nous qu'il se passait quelque chose.

Je sais maintenant que notre pressentiment était juste. Nos sourires étaient porteurs d'heureuses années à venir. C'est à Sainte-Rose, surtout dans cette maison du Plateau-Ouimet, que nous avons vécu nos plus belles années en famille. Au sortir des années sombres des débuts, chacun de nous avait pris ses marques et vivait sa vie dans un certain bonheur. Tout allait bien… jusqu'à ce que notre père ait l'idée d'une petite visite de reconnaissance à son Liban chéri…

Au moment qu'elle a choisi, notre mère a distribué ses bijoux en or à ses quatre filles. Sans qu'il y ait aucune tractation avec mes sœurs, j'ai reçu celui que j'ai toujours aimé : le bracelet torsadé de m'ma, princesse d'Orient.

L'émigration les éloigne, la télé les rassemble

Le seul moment où mon père ne se disputait pas avec sa mère, c'était quand ils assistaient à la lutte du mercredi soir à la télévision de Radio-Canada. Nous regardions *La famille Plouffe* avant de leur laisser toute la place dont ils avaient besoin pour s'exprimer. La lutte, ils adoraient ça ! À l'unisson, ils se levaient d'un bond pour invectiver le méchant en gesticulant et en criant au héros leurs conseils en arabe. Heureusement que leur lutteur favori était toujours le même, sinon le pugilat ne se serait pas seulement déroulé à l'écran.

Nous les regardions mimer la bataille, s'égosiller, et retomber sur leur fauteuil, complètement essoufflés, jusqu'au coup d'éclat suivant à défendre ou à éviter en prévenant à grands cris leurs lutteurs préférés : Johnny Rougeau, Yvon Robert, Édouard Carpentier, Kowalski.

Mais là où nous nous tordions de rire, c'est quand notre arrière-grand-mère était de la partie et qu'elle chahutait autant que sa fille, avec qui elle était habituellement à couteaux tirés. Quand tous les trois s'y mettaient, c'était d'un comique que même Jackie

Gleason et *I Love Lucy*, que nous regardions souvent en famille, n'arrivaient pas à supplanter.

À part ces soirées de télévision où mère et fils s'entendaient comme larrons en foire, les conflits entre eux étaient interminables, sans cesse renouvelés et jamais résolus.

Même chose entre grand-mère Jana et sa propre mère : querelles incessantes *ad vitam æternam*. Pour éviter le pire, mon arrière-grand-mère était venue vivre chez nous avec son petit-fils et sa femme et leurs six enfants. La maison était petite pour tout ce monde et ma mère en avait déjà plein les bras, mais il n'y avait pas d'autres solutions, avait dit mon père, on ne va pas jeter sitté Héloué à la rue.

Sitté Héloué, mon arrière-grand-mère, avait débarqué au Canada au début du xxᵉ siècle avec son mari, que j'ai eu l'occasion de voir à notre arrivée. Il est mort cette année-là, je crois, en tout cas je ne l'ai plus jamais revu. Il avait les cheveux blancs, un gros ventre, il s'appelait Iskandar, je pensais qu'il était mon grand-père, c'était en réalité mon arrière-grand-père, et si mon père ne m'avait pas répété son histoire, en même temps que celle des siens, j'aurais oublié jusqu'à son nom.

Donc Héloué et Iskandar avaient émigré du temps où les laissez-passer tenaient lieu de passeports, qui n'existaient pas encore sous leur forme actuelle. « Ils ont laissé leur unique fille au village, ta grand-mère Jana, m'a raconté mon père, et ta grand-mère Jana a fait la même chose avec moi. Elle a émigré avec mon frère et ma sœur, et m'a laissé seul avec ma grand-mère paternelle, qui, elle, était déjà allée en Amérique et était revenue avec son fils de deux ans, né là-bas, mon père.»

À l'âge de trente ans, mon père a dit «bonjour maman» à une étrangère qui était soi-disant sa mère ; Jana, vers le même âge, était devant une inconnue du nom de Héloué, sa mère.

Mon oncle Georges, qui s'appelait en réalité Jérios, avait six ou sept ans quand il a quitté le Liban avec sa sœur et leur mère, Jana. Georges avait passé son enfance et sa jeunesse à Havre-Saint-Pierre. Je l'ai rencontré quelques années après mon arrivée, il parlait l'arabe avec hésitation, tout comme moi depuis longtemps. Plus tard, j'ai pu constater que son français était excellent, avec un accent de la Côte-Nord.

Voir mon père et son frère côte à côte était une expérience saisissante : ils se ressemblaient comme deux gouttes d'eau, mais c'était quand ils ouvraient la bouche que ça devenait bizarre. Deux frères et aucun trait culturel commun. Havre-Saint-Pierre *versus* Aïn-Hirshy. On ne peut pas dire qu'ils se querellaient. Entre eux, c'était l'indifférence et l'incompréhension, sauf… quand ils regardaient ensemble *La soirée du hockey*. Comme mon oncle avait joué au hockey, qu'il connaissait à fond l'histoire de ce sport, qu'il avait une mémoire phénoménale, mon père l'écoutait, admiratif. Nous l'écoutions tous, ébahis par cette encyclopédie vivante.

C'est certain que bayé avait une prédilection pour la lutte. Il essayait fort de s'intéresser au hockey, mais la spontanéité n'y était pas. Il le regardait seulement si son frère était là. N'empêche qu'il a été outré et hors de lui quand Maurice Richard a été suspendu en 1955. Mais là, c'était l'injustice du geste qui l'avait remué. Il était révolté. Bafouer le héros des Canadiens français, ça, non! Il serait sûrement descendu dans la rue, s'il avait habité à Montréal.

Sitté Héloué n'est jamais retournée vivre avec sa fille, elle est restée chez nous jusqu'à la fin de ses jours. À l'exception de l'éternel antagonisme avec sa fille, le même que grand-mère Jana vivait avec mon père — déchirement qu'on peut mettre sur le compte de l'enfant abandonné qui prend sa revanche en se révoltant —, sitté Héloué était une femme paisible ou… transparente. Je veux dire qu'on ne la voyait pas, elle était discrète, effacée, tout le contraire de sa fille Jana, qui était une femme énergique, batailleuse, qui prenait beaucoup de place.

La seule phrase dont je me souviens de mon arrière-grand-mère, c'est: « *Inch'Allah*, que tu restes comme ça, heureuse chaque jour de ta vie.» Je dansais seule dans le salon et je chantais pour m'accompagner. Je ne m'étais pas aperçue qu'elle était assise dans sa chaise berçante. J'ai répondu: «*Inch'Allah, ya sitté!*»

Le dernier kashash

Nous habitions encore Sainte-Rose dans la petite maison du Plateau-Ouimet, lorsqu'un jour nous avons vu débarquer chez nous un homme, un peu plus jeune que mon père, qui arrivait tout droit du Liban. Pour nous, si on venait d'arriver du Liban, on parlait l'arabe et on baragouinait le français. Eh bien non, le cousin de mon père était le plus instruit de notre village, celui qui avait décroché le premier diplôme de la région, et qui avait longtemps été le seul diplômé. Entendons-nous, ce n'était pas un universitaire, il avait un certificat d'études primaires. D'après ce que j'ai compris, c'était excessivement difficile à obtenir, on pouvait être recalé plusieurs fois avant de réussir, et le cousin était un sacré bûcheur. Il parlait un français riche, plein de mots que je ne connaissais pas encore. Sa diction était claire et précise autant en français qu'en arabe, et il était «drôle à faire oublier son pays à l'étranger», comme avait dit ma mère.

Nous l'avons tout de suite aimé, c'est sûr, il nous faisait rire! Il était si comique, je le revois tordu de rire, les yeux pleins d'eau, incapable de terminer son histoire. D'habitude, ils sont insupportables, ceux qui rient eux-mêmes de leurs histoires avant même de nous laisser rire, mais pas Fadlallah. Lui, c'était son rire qui nous faisait rire. Sa bonne humeur était contagieuse et, bien sûr, ses histoires étaient à se tordre, quand il réussissait à aller jusqu'au bout.

Ses histoires ne venaient pas des vieux pays comme celles de mon père. Fadlallah, lui, avait le don de rendre hilarante sa vie de tous les jours, sa vie de vendeur ambulant, car il était *kashash* comme nos ancêtres. Mon père nous avait parlé de ces colporteurs libano-syriens qui allaient à pied ou en charrette de maison en maison dans les campagnes, mais il nous avait aussi dit que les générations suivantes avaient fini par s'établir, ouvrir des magasins, se sédentariser.

Fadlallah, le diplômé du village, faisait exception à la règle. Il avait un camion tout détraqué, rouillé, qu'il remplissait en ville avant de repartir vers Sainte-Agathe, Sainte-Marguerite, Saint-Jovite, jusqu'à Mont-Laurier, pour gagner sa vie.

Sainte-Rose était sur la route de Montréal. Il passait chez nous à l'aller et au retour, restait une semaine et même plus et nous rapportait les aventures de ses expéditions. Il savait bien décrire les personnages et les situations. Je suis certaine qu'il inventait aussi beaucoup, mais toujours dans le vraisemblable. C'est son regard sur les gens, leurs coutumes et leurs travers qui était original et amusé. Nous connaissions tellement bien ses clients, que nous demandions de leurs nouvelles. Il nous disait d'attendre que notre père rentre du travail, mais il n'arrivait pas à se retenir, il avait des spectateurs, et il en profitait pour nous raconter les histoires en français, en reprenant la phrase exacte qu'il avait entendue avec l'accent et la voix appropriés. Pour nos parents, il traduisait ses anecdotes et, selon son habilité, y perdait ou y gagnait en drôlerie, mais son rire, les yeux mi-clos et pleins de larmes, était toujours désarmant.

Tout le monde aimait le cousin, chacun pour des raisons différentes. Mon père parce que ça lui faisait quelqu'un avec qui parler, ma mère parce qu'elle aimait l'ambiance de la maison quand il était là, mon grand frère parce que ça le reposait des demandes de mon père, et nous tous parce que nous aimions rire.

Les deux cousins discutaient surtout de politique. Ils étaient très au courant de ce qui arrivait au Liban et au Moyen-Orient. Leurs points de vue étaient opposés : mon père était un indépendantiste libanais et son cousin, favorable à l'annexion et à la formation de la Grande Syrie. Père avait trouvé son vis-à-vis, et les débats étaient passionnés. Quand mon frère s'y mettait, et jouait au contradicteur de l'un et de l'autre, c'était beau à voir. J'entendais souvent le mot « Falastine » dans leurs échanges, alors le ton changeait, devenait plus chagriné, plus réflexif, ils étaient en train d'évoquer la Palestine.

Un jour, mon père a proposé à son cousin de s'établir. De s'occuper du magasin de chaussures. Fadlallah a essayé quelque temps, puis il a dit qu'il n'aimait pas attendre le client, qu'il préférait rouler dans son camion dans de beaux paysages, et qu'il s'ennuyait trop de ses clientes, chez qui il irait raconter des histoires du Liban, et peut-être, qui sait, celles qu'il avait récoltées à Sainte-Rose en vivant avec nous. Ses clientes riraient de nos travers comme nous des leurs, et inviteraient chez eux le dernier *kashash* : mais entrez donc voyons restez pas su'l perron, j'ai une belle tarte que je viens de sortir du four et du café tout chaud, je suis sûre que mon mari aimerait ça les entendre vos histoires de Sainte-Rose, ils viennent du Liban, vous m'avez dit, c'est où ça, le Liban ? Et Fadlallah serait aux anges en racontant et en mangeant une bonne pointe de tarte à la farlouche – il nous en avait déjà parlé de la far- louche, que, bien sûr, nous ne connaissions pas et dont nous essayions d'imaginer le goût tout comme nous le faisions en écoutant la description des mets rares dans *Les mille et une nuits*.

Le catéchisme

1. Qui est le créateur du monde?

Dieu est le créateur du ciel et de la terre et de toutes les choses visibles et invisibles.

4. Pourquoi Dieu vous a-t-il créé?

Dieu m'a créé pour le connaître, l'aimer et le servir en ce monde, et pour être heureux avec lui dans le ciel pendant l'éternité.

6. Que devons-nous faire pour nous sauver?

Pour nous sauver, nous devons adorer Dieu par la foi, l'espérance et la charité, c'est-à-dire nous devons croire en lui, espérer en lui et l'aimer de tout notre cœur.

7. Comment connaîtrons-nous les choses que nous devons croire et pratiquer?

Nous connaîtrons les choses que nous devons croire et pratiquer en recevant les enseignements de l'Église catholique par laquelle Dieu nous parle.

En 1958, l'archevêché de Montréal avait lancé un concours de catéchisme destiné à tous les élèves de septième année à la grandeur de la province de Québec.

Mariette : Oh non ! c'est pas vrai, ça se peut pas, elle a pas eu 195 sur 200, y a une erreur quelque part, c'est sûr et certain !

Claire : Et toi, combien t'as eu ?

Mariette : C'est pas de tes affaires !

Louise : T'aurais aimé ça que ce soit toi ?

Mariette : Peut-être qu'elle a triché… 195 points sur 200 ! Ç'a pas de bon sang ! Peut-être que…

Louise : J'aurais aimé ça, moi 'si ! Mais là, on peut se dire que c'est une fille de notre école qui a gagné le concours ! On peut être fières quand même.

Claire : L'école Latour de Sainte-Rose, c'est la meilleure école de toute la province de Québec, pis la meilleure des meilleures est en septième A. Pis c'est not' classe ! Hip hip hip hourra !

La religieuse entre dans la classe, les élèves se taisent à la seconde et vont se placer à leur pupitre. «Assoyez-vous !» Elle regarde lentement chaque rangée bien alignée, puis d'un geste ample pointe un pupitre au fond à droite, ses yeux s'arrêtent sur moi. Toutes les têtes se tournent. «Vous voyez cette jeune fille à côté de vous… Elle est arrivée la première en catéchisme de toute la province de Québec… Première en catéchisme, vous entendez, et elle est même pas catholique ! »

Les yeux des filles se sont agrandis. Pas d'effroi, non, de surprise. « Même pas catholique » a résonné quelques secondes dans le silence.

Elles apprenaient ce qu'un enfant d'immigrants ne crie pas sur les toits ou cache, si possible : sa différence.

En relevant le fait que je n'étais pas catholique et en le révélant devant la classe, la religieuse me félicitait-elle ou me blâmait-elle ? Je ne l'ai jamais su.

Au lieu d'être contente d'avoir gagné le concours, j'étais mal à l'aise de n'être pas catholique ou plutôt qu'on l'apprenne de cette manière… Et puis il me semblait qu'il n'y avait aucun exploit à arriver première à ce concours, juste à mémoriser les 508 questions et réponses du catéchisme. Si j'avais eu un premier prix en théâtre, j'aurais été folle de joie !

1958. Le pape Pie XII règne depuis une vingtaine d'année sur l'Église catholique, Paul-Émile Léger est archevêque de Montréal, et moi, première en catéchisme, même pas catholique et même pas contente.

Aujourd'hui, avec une fierté amusée, je dis à qui veut l'entendre qu'en septième année j'ai eu la plus haute note d'un concours pan-québécois (peut-être aussi pan-canadien) de catéchisme. Comme quoi, parfois, nos sentiments par rapport aux histoires du passé changent. Pour se moquer de moi, mes amis m'appellent « la reine du catéchisme » parce que, jusqu'à ce jour et grâce la Révolution tranquille, je n'ai pas encore été détrônée…

Ma grande sœur

J'aimais lire ; elle aimait coudre. J'aimais danser, flâner, rêver ; elle aimait travailler au magasin, aider notre mère, s'occuper des plus jeunes. Je ne sais pas si elle aimait tout cela, mais elle le faisait sans rechigner et de plein gré. Le sens du devoir, du don de soi, sans doute.

Ma sœur et moi étions très différentes. Nous n'aimions pas les mêmes choses, mais nous nous aimions.

Elle faisait tout pour que nous soyons heureux, par exemple nous donner des cadeaux à Noël et à nos anniversaires. Nos parents ne le faisaient jamais. À Aïn-Hirshy, ce n'était pas la coutume d'offrir des cadeaux à Noël ni de fêter la naissance des enfants. Alors, ils faisaient de même dans notre nouveau pays, par ignorance des us et coutumes.

Elle jouait son rôle de grande sœur à merveille en comblant les manques de nos parents.

Bien sûr, elle n'allait pas acheter des cadeaux en dehors du magasin, mais quand même, c'était plaisant de faire comme tout le monde, d'avoir un sapin de Noël tout décoré et scintillant, et en dessous, des paquets de toutes les formes enveloppés dans de beaux papiers aux couleurs de Noël. Toutes les décorations et la plupart des cadeaux retournaient au magasin dès le lendemain, mais pendant qu'elle les enveloppait, en les cachant aux yeux des plus jeunes, qui les cherchaient comme il se doit, qu'elle les déposait sous le sapin la veille de la fête, nous croyions tous – sauf mon grand frère – que nous étions comme tout le monde.

Je voyais tous les efforts de ma sœur pour nous permettre de participer à l'esprit des fêtes, dans l'espoir sans doute de s'intégrer un peu, de devenir en l'espace de quelques jours une belle famille comme les autres. J'avais l'habitude de croire à la magie puisque je faisais du théâtre, mais ce que je voyais surtout, c'était la beauté de son geste.

Elle était mon aînée de deux ans et demi, mais à la regarder agir, et à voir combien elle avait à cœur le bonheur de la famille, on aurait dit une adulte avant le temps.

Pour un spectacle de poésie et de chansons que madame Groulx avait organisé, ma sœur m'avait cousu une très belle robe en mousseline blanche, doublée de taffetas, avec des manches bouffantes sans doublure, ce qui donnait de la légèreté aux mouvements. Je me sentais comme une vraie princesse. Personne n'aurait deviné que cette robe avait été confectionnée (sans patron) par une fille d'à peine quinze ans.

Quand elle m'a fait essayer la robe, elle était fière de son œuvre et moi, je n'en revenais tout simplement pas. Robe de première communion ou de confirmation – que je n'avais pas eu la chance de faire avec les filles de mon âge à cause de la religion orthodoxe –, robe de fée, robe de spectacle. La plus belle que j'avais jamais portée.

— Avec quelles chaussures ?

Ma sœur, qui a l'œil aiguisé pour les belles choses, voit bien que ce que j'ai aux pieds ne va pas du tout et que cela risque même d'amoindrir la beauté de son œuvre.

Alors elle court au magasin de chaussures de l'autre côté de la rue avec moi à ses trousses. On est dimanche, c'est fermé et mon père est parti, je ne sais où. Elle a les clés des magasins. À toute vitesse, elle me fait essayer plusieurs modèles et choisit des souliers noirs vernis avec une boucle blanche incrustée dans le cuir. Une petite merveille, les plus beaux que j'aie jamais portés. Je ne pouvais espérer mieux. Ma sœur était ravie, tout autant et même plus que si la robe et les souliers lui étaient destinés.

La langue arabe

Petit à petit, nous, les enfants de Zahra et de Chafik, nous perdions notre langue maternelle. À l'exception de l'aîné qui savait déjà bien lire et écrire en arrivant, nous parlions comme des demeurés. Étonnamment, la benjamine née ici, qui n'allait pas encore à l'école, qui passait toutes ses journées avec m'ma, s'exprimait en arabe mieux que moi et mes deux jeunes frères. Si nous continuions à écouter les histoires de notre paternel, c'est que nous aimions le voir et l'entendre raconter – nous devinions plus que nous ne comprenions.

Le français prenait de plus en plus d'importance pour nous, il était au centre de nos vies. Nous vivions dans un monde francophone et catholique. Homogène. Nous n'avions pas d'autre choix. Ou nous en faisions partie, ou nous nous retrouvions dans un vacuum culturel.

Nos parents n'étaient que deux pour nous garder dans leur giron. L'extérieur était multiple, riche en tentations et en nouveautés : l'école, l'église, les amis, la rue, les voisins, les commerces, la télévision, la radio, les journaux. Nos parents faisaient tout en leur pouvoir pour que nous conservions notre langue maternelle.

Pour que nous ne l'oublions pas. Pour que nous la parlions. Garder sa langue, sa cuisine, ses coutumes et ses valeurs dans la mesure du possible est une manière de ne pas tout perdre, du moins d'avoir l'illusion de survivre spirituellement. Pour ne pas renier leur âme, nos parents devaient se relier d'une façon ou d'une autre à leur vie d'avant, se rattacher à ce qu'ils connaissaient, le conserver et nous le transmettre. Pour ne pas disparaître. La peur de ne plus exister dans la mémoire de quelqu'un, de voir ses enfants devenir des étrangers, de ne plus pouvoir leur parler ni les comprendre, de ne plus se reconnaître en eux est une peine incommensurable pour l'immigrant. Une mort semblable à l'arrachement de son pays. Tout ce qu'il a enduré n'a donc servi à rien…

Nous, les enfants, avions à vivre, à bâtir, à créer des appartenances ; nos parents avaient à préserver les coutumes, à entretenir la mémoire, à ne pas abdiquer sur le peu qui reste. Opposition flagrante entre parents et enfants depuis la nuit des temps. Sauf que les parents vivant là où ils sont nés ont le soutien implicite de leur société. Les parents immigrants doivent mener seuls cette bataille pour conserver leurs gènes… et leur culture…

Fréquenter l'église orthodoxe de temps en temps, une fois par mois au maximum, et à la fête de Pâques, ce n'était pas assez pour se sentir dans une communauté qui nous ressemblait. Les églises Saint-Nicolas, rue de Castelnau, et Saint-Georges, rue Jean-Talon, étaient proches l'une de l'autre. Nous allions à l'une, parfois à l'autre, sans discrimination, ce qui n'est pas la meilleure manière de développer des liens. Peine perdue, dans tous les cas, les enfants de nos âges étaient tous anglophones, de la deuxième et même de la troisième génération nées ici. Que ce soit à cause des religieux, qui ne voulaient que des catholiques dans leurs écoles, ou pour d'autres raisons, le résultat était le même, leur adhésion à la culture canadienne-anglaise créait une distance entre nous. En plus d'être francophones, nous étions nés *in the old country*, comme ils disaient, les petites boules en or sur nos oreilles percées en était la preuve. À part la cuisine libanaise, que nous partagions à l'occasion des fêtes au sous-sol de l'église, nous n'avions aucun point de jonction.

Ni les immigrés libanais de Montréal ni les gens de Sainte-Rose qui nous entouraient ne nous ressemblaient. En tant que famille, nous ne pouvions nous identifier à aucune autre, nous nous sentions seuls dans notre monde, alors nous, les enfants d'immigrants, il nous a fallu commencer sérieusement à faire notre nid quelque part, à prendre notre place, en tant qu'individus.

Et c'est là que le bât blesse : entre l'individu et le clan familial. L'individu n'est plus le même selon qu'il se trouve à l'intérieur de la maison ou à l'extérieur.

Dichotomie véritable ou hypocrisie passagère ? Tout cela se produit si subtilement, si progressivement...

Nos parents comme tous les parents du monde nous inculquaient leurs valeurs. Mais nous n'en voyions aucun reflet à l'extérieur, dans la société qui nous entourait. Un enfant d'immigrants cultive une double personnalité. C'est ce que nous faisions, je crois, chacun à notre manière, avec plus ou moins de doigté. Nous déposions sur le pas de la porte ce que nous avions appris à l'école ou ailleurs, et le reprenions en sortant. Et bien sûr, nous gardions à la maison tout ce qui appartenait à la culture de nos parents.

Les sursauts d'indépendance vis-à-vis des règles n'étaient qu'essais et erreurs. Les non-dits, les allusions, les messages codés façon orientale, nous les comprenions de moins en moins, ou plus du tout. Cela prend des années pour tout rejeter et, plus tard, pour rapatrier petit à petit ce qui convient à chacun...

En tant qu'enfants, avoir des parents d'une autre culture, d'une autre langue, ayant d'autres valeurs, d'autres mœurs, c'était un calvaire... de même pour nos parents, qui voyaient peu à peu leurs enfants devenir complètement des étrangers.

Ce n'est que beaucoup plus tard que nous nous sommes aperçus de l'importance qu'ont eue nos parents en tant que gardiens – et seuls détenteurs – de notre passé. Personne d'autre de notre entourage ne savait qui nous étions, d'où nous venions.

Sans passé, personne ne peut prétendre savoir qui il est, son identité est mutilée.

Notre passé était resté là-bas.

Nos parents étaient les seuls à pouvoir nous renvoyer une image «complète» de nous-mêmes.

En même temps que nous les repoussions, nous avions besoin d'eux pour mettre à jour et bout à bout les parcelles de notre histoire. Il n'y a rien de plus triste qu'un enfant d'immigrants qui a grandi sans garder le moindre lien avec son histoire, si ce n'est, peut-être, un Amérindien à qui on n'a pas raconté la sienne…

Nous nous fabriquions un nouveau passé dans notre pays d'accueil en vivant intensément le présent, en nous inscrivant dans ce nouvel espace culturel, mais nous ne pouvions faire fi de notre lieu de naissance, de la couleur de notre peau, de nos ancêtres, de la chaleur du soleil de notre enfance, et d'un seul coup d'éponge effacer tout cela, dédaigner ce pan de notre vie, le faire tomber dans l'oubli sans qu'il nous éclabousse en remontant à la surface.

Je ne saurais dire si c'est le cas pour mes frères et sœurs, mais pour moi, ma maîtrise défaillante de l'arabe sera toujours un manque important, une petite blessure qui ne guérira jamais. À l'âge adulte, j'ai essayé de l'apprendre. Mais en vain. Pendant cette période d'étude intense, j'ai au moins compris qu'une langue ne s'apprend pas seul dans les livres; qu'une langue ne peut s'épanouir que dans un espace culturel et artistique vivant qui lui correspond et la véhicule.

Je n'ai pas de talent pour les langues étrangères, et avec le temps, l'arabe, ma langue maternelle l'était presque devenue…

Quand on connaît à peine sa langue maternelle, ce qui nous surprend toujours, c'est la réminiscence. Tout d'un coup, au moment où on s'y attend le moins, apparaît une expression rare, une phrase toute faite, un proverbe, un dicton. Pourquoi a-t-on retenu ces mots, qu'est-ce qu'ils signifient ? À qui le demander ? Nous ne connaissons plus personne qui parle la langue de notre père et encore moins celle de notre mère, qui se servait de tournures singulières que même son mari ne connaissait pas.

Quand un fragment de langue arabe surgit, que nous ne savons qu'en faire, nous nous sentons orphelins, non seulement de père et de mère, mais aussi de notre langue maternelle, puisqu'elle est enterrée avec eux, et qu'il est trop tard pour que nous refassions le chemin jusqu'à elle.

Ma meilleure amie

Carmen ne m'a jamais enviée d'être dans les premières de classe, mais d'avoir des frères et sœurs ! J'adorais aller chez elle. La maman de Carmen nous servait de grands verres de lait ou, si Carmen le demandait, du 7Up, de l'Orange Crush ou même du Ginger Ale avec une boule de crème glacée ! Que des aliments et des boissons qui ne passaient pas la porte de chez nous, sauf le lait et le pain.

M'ma était déjà en train de préparer le souper (souvent pour dix) quand nous prenions notre collation, alors le pain découpé en losanges et sans croûte restait du domaine du rêve. Nous avalions nos tartines de *dibss*, mélasse de raisin au tahini, ou bien de beurre de *peanut*, que mon père achetait en vrac dans de grosses chaudières en plastique, et buvions du lait, pas trop, pour qu'il en reste pour le lendemain matin, et déguerpissions pour laisser m'ma travailler en paix.

Parfois, les fins de semaine, Carmen m'invitait à dormir chez elle. Pour moi, c'était des vacances, comme les lundis à Montréal pour mon père. Elle était fille unique et sa mère était aux petits soins avec elle, et avec moi par la même occasion. Ce qui me changeait grandement de ma vie de tous les jours.

Chez nous, l'amour était rude et sans minauderie.

L'inévitable lutte pour la survie des premières années avait donné le ton à notre vie au Canada. Nous n'avions que le nécessaire, jamais de fantaisie ou de superflu. Aucun flafla. Pas à cause d'une croyance quelconque, mais de l'habitude de pourvoir aux besoins primaires d'abord. Si on tient compte de cette tendance, que signifiait pour mes parents le théâtre que j'aimais par-dessus tout ? Un jeu d'enfant ou un besoin de respirer, de sortir du quotidien en racontant des histoires ?

Ce qui nous sortait un peu de l'ordinaire, c'était quand mon père avait la bonne idée de nous emmener manger de la crème glacée au Dairy Queen, le nec plus ultra des rendez-vous de l'été où toutes les familles des petites villes environnantes se retrouvaient le dimanche.

Ou bien une journée à la plage. Bayé embarquait toute la famille dans sa De Soto, direction Pointe-Calumet ou la plage Idéal, les deux noms qui me viennent en tête, où les jeunes hommes se pavanaient et zieutaient les jeunes filles, et vice versa, où les enfants jouaient et nageaient, heureux, où ma mère portait un maillot de bain pour la première fois de sa vie, où mon père devenait anonyme grâce à son caleçon bariolé, pareil aux autres hommes, où mon grand frère était le seul à bouder.

À part le Dairy Queen et les dimanches à la plage, les quelques moments qui nous sortaient de notre quotidien, que je garde en moi jusqu'aujourd'hui : les histoires de mon père. Quand il était de bonne humeur, qu'il n'avait pas trop d'ennuis d'ordre matériel ou autres, qu'il y avait une certaine paix à la maison, toujours fragile, mon père, avec son sens inné du *timing*, se mettait à nous raconter des histoires. De sa jeunesse, de nos ancêtres ou de grands personnages de la culture arabe, Ibn Khaldoun, Haroun el Rachid, Omar Ibn Khattab et d'autres, des épopées telles que celles de Leila et Kaissar ou d'Aabla et Aantar, (comment y échapper), héros et héroïnes de la littérature épique préislamique. Mon père se plaisait à dire qu'il m'avait prénommée à l'instar de cette princesse dont la beauté et la perfection absolue ont été chantées par son amoureux Aantar, le poète du désert.

Un de nos héros préférés était un prêtre chrétien orthodoxe, qui était notre grand-père maternel. La vie de Jiddé el Khouri (littéralement « grand-papa le prêtre ») telle que racontée par mon père était digne de figurer parmi les grands romans d'aventures et de réconciliation des peuples et des religions. Entre les Druzes et les chrétiens, entre les Turcs qui finissaient leur règne et les Français qui commençaient le leur, Jiddé el Khouri risquait sa vie pour qu'advienne la paix. Certaines histoires, même sur fond tragique, étaient si comiques que nous riions à en avoir mal au ventre. Les larmes suivaient, parfois, et nous étions chaque fois fiers d'être parmi les descendants de Jiddé el Khouri.

Dans ces moments bénis où le calme régnait dans notre maison, même notre mère arrêtait de travailler pour venir s'asseoir au salon. Admirative envers son mari. Comment avait-il retenu toutes ces histoires, surtout celles de son père à elle? Elle sentait son immense respect pour notre grand-père et elle était reconnaissante aussi qu'il garde sa mémoire vivante.

La maison de Carmen ressemblait à une maison de poupée remplie à craquer de bibelots, de photos enca-drées, de vases de toutes les formes, de fleurs en plas-tique, avec de la dentelle sur les bras des fauteuils, des cendriers de toutes les couleurs, des tentures qui tenaient lieu de portes, et des dizaines de poupées toutes plus belles les unes que les autres, des piles de *LIFE*, de revues de mode, de catalogues de grands magasins, et même une petite bibliothèque. Des stores vénitiens, qui me rappelaient le théâtre, suspendus à toutes les fenêtres agrémentées d'étoffes satinées et chatoyantes, tout le contraire de chez nous où il n'y avait pas de rideaux. Chez nous, pas de jolies petites lampes sur des tables en coin, aucun objet superflu ou simplement mis là pour le plaisir de la vue. Chez nous, murs vides et maison pleine. Toujours. La seule place pour être tranquille pendant cinq minutes tout au plus, c'était les toilettes. Et dire que Carmen m'enviait ma fratrie… Qu'elle m'ait envié les histoires de mon père, elle qui ne voyait presque jamais le sien, je l'aurais compris, mais ma maison remplie à ras bord...

Carmen vivait avec sa mère, qui était une femme formidable et moderne, qui faisait de la bicyclette, au grand étonnement des filles de mon âge, dont les mères étaient traditionnelles comme la mienne. Les repas *TV dinner* venaient d'arriver sur le marché, et bien sûr, sur la table de Carmen. Chanceuse! Ma mère, qui était bien avant l'heure adepte de la nourriture «santé», n'aurait jamais laissé entrer chez nous des repas fabriqués à la chaîne. C'est à peine si nous avions la permission de manger un hot-dog avec des frites au vinaigre quand nous étions à la plage.

Carmen et moi, nous habitions rue du Plateau-Ouimet, moi, en haut du boulevard Sainte-Rose, et elle, en bas, au bord de l'eau. C'est là que j'ai passé les plus beaux jours de mon enfance, avec Carmen et notre petit groupe d'amis. L'été, nous nous baignions, ou faisions des tours de pédalo ou de chaloupe, ou même de ski nautique grâce à la mère de Carmen qui conduisait un bateau à moteur et nous avait appris à en faire.

Avec Carmen et sa mère, je ne me suis jamais sentie une étrangère. C'était exceptionnel. À part quand j'étais sur scène ou en train de travailler sur un spectacle, j'éprouvais ce sentiment inconfortable d'être à côté de la plaque. Même si j'arrivais à l'oublier, on me le rappelait, d'une manière ou d'une autre, la plupart du temps sans méchanceté. N'empêche que ce n'était pas reposant...

Si nous nous étions choisies, Carmen et moi, c'était sans doute dû à ce sentiment que nous avions en commun d'être des *outsiders*. Elle n'était pas native de Sainte-Rose, mais de Montréal. En plus, ses parents étaient des originaux, ils ne ressemblaient en rien aux couples qui les entouraient. Certaines personnes n'ont pas besoin de venir de loin pour se sentir expatriées.

J'aurais beaucoup aimé inviter mon amie chez nous. Mais où la faire dormir ? Je partageais déjà mon lit avec ma sœur, et le canapé du salon était souvent occupé par un quelconque visiteur qui tardait à s'en aller. Il a fallu attendre que nous déménagions à Saint-Vincent-de-Paul dans une maison plus grande pour que Carmen puisse enfin être mon invitée. Mais le charme était rompu…

Chez elle, nous parlions pendant des heures, personne ne venait nous déranger. Je préférais écouter. Quand j'étais sur scène, j'aimais prendre la place qui me revenait, à moi ou à mon personnage. J'avais l'impression de m'exprimer suffisamment de cette façon. En dehors des planches, je trouvais inutile de parler, d'évoquer mes problèmes. À cet âge, je n'en avais pas. Et un peu plus tard, mes difficultés m'ont semblé trop énormes pour que j'en parle. Personne n'aurait compris. Être incomprise aurait été plus insupportable que de garder pour moi mon malheur.

Et puis nous étions devenues des jeunes filles. Nos chemins s'éloignaient. Elle avait continué ses études et moi, je n'allais plus à l'école.

À part notre enfance, nous n'avions plus en commun que ces quelques spectacles que nous allions voir à Montréal. Les *Ice Capades* ou même des pièces de théâtre au Stella, qui deviendrait le Rideau vert. Je ne savais pas alors que ce théâtre s'était autrefois appelé le Théâtre Chantecler et qu'il avait appartenu à mon grand-oncle, Charles Farhood, chez qui nous avons passé notre première nuit à Montréal.

Chez Carmen, j'y suis allée si souvent, les moments qui me restent sont nombreux, mais ceux que j'affectionne particulièrement se sont passés autour du piano. Sa mère jouait très bien. Il fallait la prier, je m'en chargeais. Elle jouait souvent les mêmes morceaux, mais peu importe, on en aurait pris des heures. Après ses trois ou quatre morceaux classiques, elle nous faisait danser avec des boogie-woogies et même du rock and roll. Carmen et moi, nous adorions *Rock Around the Clock* de Bill Haley, et dansions comme des folles dans ce salon, au risque évident de casser quelques bibelots. Ça n'est jamais arrivé !

Un soir où j'étais invitée à dormir chez elle, nous étions toutes les deux seules au salon, sa mère était sortie. Nous tournions un peu en rond, désœuvrées, le vague à l'âme. En passant près du piano, j'ai laissé aller mes doigts et, sans même l'avoir décidé, j'ai dit à haute voix : *C'est alors qu'apparut le renard…* J'ai enfoncé quelques touches au hasard… *Viens jouer avec moi, lui proposa le petit prince. Je suis tellement triste.* Ç'aurait pu

153

être beau si j'avais su jouer. *Je ne puis pas jouer avec toi, dit le renard, je ne suis pas apprivoisé…*

Alors, sans parler, Carmen se glisse doucement sur le banc et se met à improviser. Je reprends le texte de Saint-Exupéry à l'entrée du renard, sans effort, guidée par la musique. *Je ne mange pas de pain. Le blé pour moi est inutile. Les champs de blé ne me rappellent rien. Et ça, c'est triste ! Mais tu as les cheveux couleur d'or. Alors ce sera merveilleux quand tu m'auras apprivoisé ! Le blé qui est doré me fera souvenir de toi. Et j'aimerai le bruit du vent dans le blé.*

La dernière phrase que je connaissais, la supplique du renard : *S'il te plaît… apprivoise-moi !* résonna longtemps en nous.

Carmen et moi, nous nous étions laissé emporter par la musique et les mots et nous vivions un moment d'éternité.

Quand nous sommes revenues à nous, dans ce salon… après les congratulations et le babillage, nous étions si heureuses que nous avons voulu recommencer. Nous nous sommes vite arrêtées. Ce n'était pas bon.

Nous avions perdu notre impulsion et la vérité du moment. Ce jour-là, j'ai compris quelque chose dans l'art de la performance. Une improvisation ne se *refait* pas, elle se fait.

Et un moment magique tout comme un moment de bonheur nous est donné par les dieux quand nous nous y attendons le moins et sans que nous sachions pourquoi. Mais pour le faire advenir, ce moment de grâce, il faut travailler fort en sapristi !

Treize heures d'angoisse

Le jour du déménagement de Sainte-Rose à Saint-Vincent-de-Paul, ma mère est à l'hôpital pour l'accouchement de son septième enfant, mon père est resté près d'elle à Montréal, mon grand frère est en retraite avec les Frères de son école, les trois plus jeunes sont chez notre grand-mère, et ma sœur et moi, nous dormons dans la maison juste en haut du magasin, qui est fermé, youpi, on est dimanche.

On entend des klaxons qui n'en finissent plus et la sonnerie de la porte qui retentit sans arrêt. On se réveille en sursaut. Un camion imposant de plusieurs pieds cubes pouvant transporter une maison entière nous attend! Oh mon Dieu, les déménageurs! Personne n'a annulé la réservation. L'accouchement prématuré de ma mère nous a un peu déboussolés.

Les déménageurs, qui étaient réticents à travailler le jour du Seigneur, ont accepté pour nous rendre service, et ils sont là! Rien n'est prêt. Des armoires pleines, des commodes qui débordent, la vaisselle pas lavée, le réfrigérateur pas dégelé, les lits à démonter… et en face de nous deux gars qui semblent pressés d'en finir. L'horreur. En plus d'être seules, ma sœur et moi, avec une maison complète sur le dos, nous sommes mal réveillées, énervées, irritées et à jeun. Notre unique jour de repos débute très mal.

Nous courons au magasin chercher des boîtes de carton et nous nous précipitons pour y jeter tout ce que nous trouvons pendant que les deux hommes commencent à descendre les gros meubles. Le méchant escalier étroit et raide fait la joie de nos déménageurs, qui pestent et sacrent grassement. Qu'ils blasphèment, on s'en fout, on l'aurait fait avec grand plaisir, si on en avait eu l'habitude. Mais la bière bue à grosses goulées au moindre repos nous met mal à l'aise. Nous sommes trop à cran pour le remarquer, mais nos deux lascars ont commencé à picoler bien avant d'arriver chez nous. Après tout, le samedi soir, si sacré pour les travailleurs, c'était il y a quelques heures à peine !

Quand nous sommes certaines qu'ils sont ivres, toute notre maison est déjà dans le camion… Tout ben cordé, ben *flush*, qu'est-ce vous voulez, vous avez choisi les deux meilleurs déménageurs de Sainte-Rose. Jacquot, ici présent, le gars qui peut lever n'importe quel frigidaire en criant ciseau, pis moé, Roger, qui est capable de l'accoter, je vous en signe un papier !

Ils nous lancent des sourires et nous commençons à prier. Un petit espace vide à l'arrière du camion, chacune une fesse sur une boîte de carton, et c'est parti, mon kiki ! Arriver à Saint-Vincent-de-Paul en vie, c'est tout ce que nous souhaitons.

En route, pendant que nous nous rongeons les sangs, les deux compères s'arrêtent soit pour pisser, soit pour manger, ou alors dans des lieux qui ne ressemblent à rien, sans enseigne, d'où ils ressortent avec quelques bières fraîches. Le trajet d'une demi-heure dure des heures. Ma sœur et moi, nous sommes muettes, notre colère est trop grande, et notre peur aussi, si nous ouvrons la bouche, nous avons l'impression que nous allons éclater.

Le dernier endroit pour boire, c'est l'hôtel juste en face de notre nouveau domicile et lieu de travail, et nos deux pochards ont l'air à bien connaître la place.

Nous arrivons, vivantes, *noushkor Allah*, je pourrai voir ma petite sœur née hier.

Nous déchargeons le plus possible le camion, en attendant que nos poivrots sortent de l'hôtel et s'attellent à leur tâche : meubles tapis matelas à ressorts et tête de lits poêle réfrigérateur doivent être montés au deuxième étage en longeant un escalier extérieur étroit et à pic, et nos deux amis à la vie à la mort sont soûls raides…

Pousser vers le haut deux gars paquetés tenant un frigo dans un escalier étroit, leur éviter une chute, catastrophique surtout pour celle qui pousse sur les fesses du soûl mort… burlesque, rocambolesque, angoissant et dangereux.

Pas eu d'accident grave, mais des heures de plaisir.

Nous sommes enfin délivrées d'eux vers 9 heures du soir. Ma sœur les paye, et Jacquot et Roger filent tout droit à l'hôtel en face.

Nous gardons les dents serrées, incapables de parler, comme si aucun mot ne pouvait nous soulager de notre honte de n'avoir pas pu dire à ces malotrus : Non, ça suffit, c'est assez, arrêtez !

Nous n'avions pas mangé de la journée. Mais la fatigue l'a emporté. Dans ce capharnaüm, nous avons trouvé un matelas, avec nos dernières forces nous avons tiré pour le dégager et, toutes habillées, nous nous sommes jetées dessus à plat ventre, et nous avons dormi, sans draps, sans couvertures, sans oreillers, sans bouger d'un pouce jusqu'au lendemain.

Ma vie à Saint-Vincent-de-Paul sera à l'image de cet horrible déménagement : une maison sur le dos, au sens propre et au sens figuré.

Mon enfance était bel et bien terminée.

IV

La fin de tout ce que j'aime

Je ne suis plus une enfant qui joue

Depuis mes dix ans, depuis que madame Groulx m'avait offert cette année de cours gratuits, je n'en avais pas raté un seul.

Il fallait trois autobus pour s'y rendre.

Saint-Vincent-de-Paul n'était pas si éloigné de Sainte-Thérèse et de Saint-Jérôme, mais l'attente des autobus, ô mon doux Seigneur, comme disaient les filles bien élevées qui ne blasphémaient pas, l'attente ! En fait, rien ne correspondait. Personne n'avait pensé à la pauvre fille de Saint-Vincent qui devait aller suivre des cours à Sainte-Thérèse et participer à une émission de radio à Saint-Jérôme... En auto, ç'aurait été formidable, mais pas de permis de conduire avant l'âge de seize ans ! Ma sœur ou mon père m'auraient accompagnée sans se faire prier si chacun n'avait pas été responsable d'un magasin.

Ça prenait plus de deux heures pour s'y rendre, et autant pour le retour. À peine arrivée, c'était déjà le temps de repartir pour attraper le dernier bus... La pire correspondance de toutes : Pont-Viau, à l'aller et au retour. Non seulement l'autobus était toujours en retard, mais il pouvait carrément passer son tour.

À l'aller, quand il faisait froid, j'entrais au Denis 5-10-15 ¢. Denis et son fils Daniel travaillaient à tour de rôle, rarement ensemble. Quand ils ont su que j'étais la fille du 15 ¢ de Saint-Vincent-de-Paul, ils m'ont laissée attendre autant que je voulais, sans que j'aie à acheter quoi que ce soit. Le gros poêle trônait au centre avec la théière dessus comme chez nous. Ils m'offraient une tasse de thé, comme on en offrait une à nos clients préférés. Leur magasin et le nôtre étaient jumeaux : même marchandise dans les boîtes au mur derrière la caisse, même prix de vente, mêmes comptoirs bourrés d'objets poussiéreux.

Et moi qui détestais tout ce qui avait un rapport avec le commerce, je me surprenais à parler métier avec Denis et Daniel, et à en savoir beaucoup plus que je ne le croyais. J'avais vécu dans un commerce de détail depuis l'âge de six ans, et malgré moi, j'en avais assimilé beaucoup d'aspects. Je ressemblais à quelqu'un qui peut parler une langue sans l'aimer. On se plaignait des premiers centres d'achats qui commençaient à apparaître, et qui allaient sûrement tuer les petits commerces. On parlait des grossistes, des marges de profit et des factures à payer dans les trente jours, des coûts élevés des arrérages qui nous mangeaient tout notre profit. Quand Denis a su que mon père avait obtenu de payer les factures à soixante jours au lieu de trente chez Shatilla Smallwares, un grossiste, il a été impressionné et a voulu lui parler.

Même si Daniel et Denis étaient très gentils avec moi, quand j'étais de retour vers minuit, ils étaient sans doute en train de dormir, pendant que moi je gelais et je sacrais.

Je crois que j'ai décidé d'arrêter de suivre des cours cet hiver-là, un hiver si rigoureux que j'ai failli y laisser une oreille en attendant l'autobus qui devait me ramener de Pont-Viau à Saint-Vincent. Cette nuit-là, les ô mon doux Seigneur n'ont plus suffi.

Et puis, pour dire la vérité, le Studio des colibris, Sainte-Thérèse, madame Groulx, il me semblait que c'était fini pour moi. De dix à quatorze ans, j'avais l'impression que j'en avais fait le tour. Que j'avais appris ce que j'avais à apprendre de cette femme admirable qui m'avait tant donné.

Notre déménagement avait sonné le glas de ce qui était en train de s'achever, de toute manière. Pour ne pas mourir d'ennui, j'avais continué à aller au Studio pendant un bout de temps. J'étirais la fin.

Il me fallait passer à une autre étape dans ma formation théâtrale.

Je voulais continuer à jouer, comme les actrices et les acteurs de la télévision. Je ne voyais pas beaucoup de théâtre fait par des professionnels, mais ceux de la télévision, je les trouvais très bons. Eux restaient toujours des enfants qui jouent, et c'est ce que je désirais moi aussi.

Mais à quelle porte frapper ? Comment faire pour continuer à jouer ? Comment survivre dans ce magasin que je détestais ? Ma sœur si gentille avec moi me laissait lire, me chicanait aussi parfois pour la forme. Mais elle me comprenait. Elle sentait mon désarroi, mes difficultés à m'adapter à ma nouvelle vie, en oubliant les siennes. Ma grande sœur a toujours eu une âme de missionnaire, pleine d'amour à donner. Contrairement à moi, l'égoïste, l'artiste, qui ne désirait rien d'autre que de jouer.

Je n'étais plus une enfant qui joue. J'étais perdue.

Quatorze ans

Plus d'école. Plus de cours de diction. Plus de théâtre. Plus d'émissions de radio du samedi. Plus d'amis. Plus rien.

Tout ce que j'avais construit, tout ce qui m'avait rendue heureuse avait disparu.

J'étais dans une barque au milieu de l'océan et j'avais baissé les bras. Que la mort vienne.

Je ne sais pas si je me serais enlevé la vie, tout ce que je sais c'est que je sentais que j'étais en train de mourir lentement.

De six à quatorze ans, j'avais travaillé fort pour trouver ma place. Le monde devenait de moins en moins étranger à mesure que j'y vivais avec ardeur, que je grandissais, que je m'adaptais à lui.

La première année, rien ne comptait plus que de comprendre et d'apprendre cette nouvelle langue, et l'hiver aussi : la tuque, les caoutchoucs par-dessus les chaussures, les oreilles et les mains qui brûlent de froid. Très vite, le français m'a semblé doux, et la neige, magique.

Puis ç'a été la découverte qui a changé ma vie : le théâtre. J'aimais tout ce qui y touchait de près ou de loin : les mots, la poésie, les histoires, les personnages de fiction, les costumes, la scène, la préparation, les répétitions, les représentations. Et les compagnons de jeu, et le public. J'aimais tout. Apprendre, progresser, être meilleure chaque fois, me concentrer sur un texte et oublier le reste du monde, et parfois atteindre l'état de grâce.

Je me sentais en harmonie dans cet espace-là, on m'acceptait, plus encore : on m'aimait. Dans ce monde-là, j'avais le pouvoir de croire, d'émouvoir, d'exister dans le moment présent. Je me sentais en même temps libre et en relation avec le monde qui m'entourait.

Le théâtre était mon seul vrai lien avec les autres, en tout cas le plus authentique, car c'est dans ce rapport-là que j'étais à l'aise et complètement moi-même.

Ce que j'avais construit à travers l'art était devenu *mon* identité.

D'un seul coup, je perdais tout. J'étais effondrée.

Déménager de Sainte-Rose à Saint-Vincent-de-Paul, deux petites villes semblables situées à quelques milles l'une de l'autre dans la banlieue nord de Montréal... et c'était pour moi la fin du monde.

Mais qu'était-il donc arrivé pour que, du jour au lendemain, la petite fille remplie de joie se décompose, s'écrase, sans force pour se relever ?

Quitter le village de mon enfance ne m'avait pas fait tant souffrir.

Étais-je en train de vivre le déracinement une deuxième fois ?

Plus d'école. Plus de cours de diction. Plus de théâtre. Plus d'émissions de radio du samedi. Plus d'amis. Plus rien.

Moi qui aimais tant l'école, comment ai-je accepté de ne plus y aller, sans dire un mot? Me suis-je rebellée? Ai-je parlé? Ai-je au moins dit non, ou quelque chose qui s'y apparente? Quand je regarde la personne que j'étais alors, il me semble que c'est quelqu'un d'autre que je vois. Elle a quatorze ans comme moi. Elle se résigne à rester à la maison pour aider sa mère qui vient d'accoucher de son septième enfant.

On lui a dit pour l'amadouer: on ne peut pas se passer de toi, on a besoin de toi. On l'a prise par les sentiments, ou le chantage, elle s'est laissé convaincre, et elle a fini par croire qu'elle était indispensable. Elle n'a pas dit: pourquoi moi, pourquoi pas mon frère, il est plus vieux que moi. Elle a dit: oui, c'est bon, je n'irai plus à l'école.

En cette minute, je jurerais que cette fille n'est pas moi.

Je n'ai pas dû aider ma mère très longtemps. Pour des raisons que j'ignore, les plans de mon père avaient changé. Il a trouvé une aide-ménagère, et moi, je suis descendue d'un étage pour travailler avec ma sœur dans notre magasin, le Saint-Vincent 5-10-15 ¢ to 1 $ store. On était à dix-sept ans de la loi 101 dans une petite ville francophone! Et j'avais très hâte que le temps passe, même si j'étais certaine que j'allais mourir avant.

Une pensée entêtante ne me quitte pas : comment mon père, cet amoureux de la culture, du savoir, de la poésie, qui avait souffert de ne pas être allé à l'école aussi longtemps qu'il l'aurait voulu, comment a-t-il pu m'imposer une telle chose, lui qui savait à quel point j'aimais étudier ?

L'avait-il ordonné ou suggéré ?

Il avait fait le même coup à ma sœur deux ans auparavant.

Mon père n'était pas un tyran. Pire. Il faisait en sorte que les décisions viennent de nous. Il nous enjôlait. Nous, les filles, nous avons été endoctrinées. Ni rudesse ni affrontement, mais jamais la précision de la ligne droite.

Pas de ligne droite dans la mentalité de mes parents, pas plus que dans la danse arabe.

Nous avons été élevées dans la furtive beauté de la diagonale et des arrondis de la danse du ventre. Allusions, insinuations, sous-entendus. On allait même jusqu'à s'adresser à l'une pour que ce soit l'autre qui comprenne : on racontait « la vie » à la petite dans l'intention d'éduquer la grande, ou l'inverse.

La virginité par exemple, ou plutôt le danger de… et la catastrophe si… on venait à perdre ce joyau. Jamais dit tel quel, mais narré à demi-mot, depuis l'enfance. Dans les histoires, on remplaçait ce qui se trouve entre les jambes de la fille par «honneur» et, plus effrayant encore, par «honneur de la famille». J'ai longtemps pensé que le mot «vagin» n'existait pas dans ma langue maternelle, jusqu'au moment où, des années plus tard, j'ai lu des contes érotiques arabes traduits en français. Il y était, ce mot, avec ses nombreux et très jolis synonymes…

D'un côté, père nous disait : vous êtes des filles extra-ordinaires, soyez fortes, faites ce qui vous semble bon, et de l'autre, il nous amenait à faire tout ce que la société d'où il venait avait prévu pour nous. Il avait beau être plus ouvert et plus permissif que beaucoup d'hommes de sa génération, le problème, c'est que nous vivions en Occident, très loin de la société de nos parents.

Et moi, dans ma quatorzième année, je ne vivais dans aucune société.

J'avais perdu mes repères. Cette année-là, j'ai fait l'expérience de quelque chose qui s'apparente à la mort. Une implosion. J'étais emprisonnée en moi-même et dans ce magasin maudit, et j'avais le profond sentiment qu'il n'y avait aucune clé possible pour en sortir, que j'allais mourir là, étouffée. Ignorante, sans scolarité, sans théâtre, sans amis. Dessouf-flée. Comme si le théâtre avait été mon souffle, et qu'on me l'avait enlevé d'un coup avec tout ce qui comptait pour moi.

Le mot « dépression » ne faisait pas encore partie de mon vocabulaire, mais je connaissais « spleen », « mélancolie », « langueur »… à cause de la poésie que je lisais, que j'aimais.

Et un jour, même la poésie ne m'a plus fait plaisir.

Promenades au bord de l'eau

La naissance, c'est toujours un miracle, même si certaines naissances sont plus miraculeuses que d'autres, comme le fut pour nous celle de ma deuxième sœur née ici. Pendant quelques semaines, cette naissance a opéré une transformation complète de l'ambiance familiale. Nouvelle maison, nouvelle ville, nos parents avaient l'air de nouveaux amoureux, nous étions devenus une petite famille modèle où la joie régnait. Chacun jouait son rôle, comme dans le feuilleton américain *Father Knows Best* – que par ailleurs mon père détestait, je n'ai jamais su pourquoi, lui préférant, et de loin, l'iconoclaste Jackie Gleason.

Tout le monde semblait heureux, sauf moi. Une partie de moi observait ma famille, était même soulagée qu'elle aille bien, pendant que l'autre, absente de la fête, broyait du noir et attendait que la vie passe.

Ce poupon était merveilleux, un liant familial. Elle était belle comme ce trésor qui, paraît-il, accompagne le septième enfant. Même mes deux chenapans de jeunes frères se tenaient tranquilles et étaient en pâmoison devant elle. Chacun voulait la bercer, l'embrasser, la faire sourire, lui donner le biberon – ma mère ne l'allaitait pas – et lui faire prendre son bain. Louis XIV, dit le Roi-Soleil, n'était certainement pas mieux entouré que notre petite reine.

L'indice de bonheur familial était élevé, on était loin de la première naissance au Canada. La première-née ici était arrivée au monde dans un moment critique de nos vies où pauvreté et souffrances morales, perte de repères et besoin de s'accrocher, tristesse et nostalgie avaient rongé et presque annihilé le miracle de la naissance…

La première avait déjà sept ans quand la deuxième est née, le compte est facile, il y avait sept ans et neuf mois que nous habitions ce nouveau pays, qui n'était plus ni nouveau ni épeurant, nous nous y étions peu à peu adaptés, et c'était devenu en quelque sorte *notre* pays. Des cinq qui étaient nés au Liban, trois avaient déjà vécu plus longtemps ici que là-bas.

C'est justement dans cette période où tout allait pour le mieux dans notre famille, qui avait eu son lot de pauvreté, de déménagements, d'adaptation à la va-comme-je-te-pousse, que le paternel a choisi de démanteler notre vie ici. Il avait pourtant travaillé fort pour arriver à une certaine aisance. Nous avions tous travaillé fort. Pourquoi tout détruire au moment où ça allait bien ? Pourquoi ce projet ? Pourquoi ce retour dont personne ne voulait ? Sa décision de rentrer dans son pays était inébranlable. D'abord un ballon d'essai : envoyer mon grand frère étudier à Beyrouth. Suivi de près par son propre voyage dans sa patrie.

La dernière-née était le bébé de tous et de chacun. Non tu l'as assez eue, c'est à mon tour. Oui, mais regarde comme elle est tranquille avec moi. Mais c'est à moi qu'elle sourit, donne-moi-la, donne-moi-la. Celle de sept ans avait perdu sa place. N'importe quel enfant aurait été jaloux, mais pas elle. C'était une enfant pas comme les autres. Quelquefois, elle me regardait dans les yeux, l'air de me demander : pourquoi tu es triste ? Comment dire à une enfant de sept ans qu'on a tout perdu, que la vie n'a aucun sens, que travailler au magasin, c'est la mort ? Je répondais par un haussement d'épaules, elle proposait d'aller se promener, je n'avais pas très envie, elle insistait, me tirait par la main, je ne pouvais que la suivre. Nous laissions le bébé aux autres, et main dans la main, nous nous dirigions d'abord vers le restaurant du coin pour manger une crème glacée.

Nous longions le boulevard Lévesque, le traversions et descendions au bord de l'eau. Beaucoup d'arbres, des fleurs, de belles maisons cossues, les notables de Saint-Vincent-de-Paul préféraient la rive et ils avaient bien raison.

L'eau gris-bleu de la rivière des Prairies se mariait bien avec mon état d'âme. J'entendais ma petite sœur causer, et puis le silence, forcément elle attendait ma réponse. Cette enfant n'avait que des questions et j'aurais tant aimé avoir quelques réponses pour elle. Et pour moi. Je faisais du mieux que je pouvais. Beaucoup de « je ne sais pas, mais je pense que ». Elle n'en demandait pas plus. Elle ne voulait pas être toute seule à retourner ses questions dans sa petite tête, elle voulait que quelqu'un d'autre s'y intéresse, c'est tout.

Mon regard errait sur l'eau et j'entendais sa belle voix — grave pour une petiote — qui semblait vouloir percer tous les mystères de la vie. Et moi qui me sentais si faible devant tout. Mon avenir. Je n'avais plus d'avenir. La fin du théâtre et de l'école m'avait laissée avec un trou béant que je ne savais comment remplir. Mon avenir était lié à celui des miens. J'appréhendais déjà le retour au pays fomenté par mon père, et j'avais le sentiment que je ne pourrais y échapper.

L'EFAC

Par quelle pirouette, entourloupette, par quel miracle nous sommes-nous retrouvés, mon frère et moi, dans une école de rêve, à Montréal, une école privée par-dessus le marché ? J'ai beau me creuser le ciboulot, je n'arrive pas à trouver le pourquoi ni le comment.

Je n'allais plus à l'école depuis une longue année, mon frère puîné avait commencé à avoir de mauvaises fréquentations et mon père voulait l'éloigner de ses amis. Ça n'explique pas entièrement ce revirement heureux, mais peu importe, ce fut une année inoubliable.

L'EFAC (enseignement français au Canada) était une école alternative mise sur pied par monsieur Jourdan et son adjoint, monsieur Corme, qui étaient tous les deux professeurs et français, fraîchement débarqués il me semble. Très sympathiques et ouverts d'esprit, ils étaient d'excellents pédagogues avec de savoureux accents du Sud de la France, et l'humour qui va avec.

Ils acceptaient tous les élèves qu'on n'acceptait plus nulle part. N'importe qui était admis, avec ou sans bulletin de l'année précédente, pourvu que les parents payent les droits de scolarité, c'était la seule condition. Et souvent le dernier recours pour certains parents.

Avec leur méthode, dite «méthode libre», qui de prime abord pouvait paraître laxiste, ces deux professeurs faisaient des merveilles avec des élèves venant de toutes les couches de la société. L'EFAC était une école mixte et laïque, une première au Québec, si on excepte le Collège Français qui avait ouvert ses portes quelques années auparavant. Je crois même que messieurs Jourdan et Corme avaient d'abord enseigné au Collège où ils avaient essayé, mais en vain, d'imposer leur méthode.

Beaucoup d'anciens étudiants du Collège Français avaient suivi leurs maîtres, mais la plupart des élèves de l'EFAC était des marginaux.

Des délinquants-voleurs de chars, des homosexuels qui en avaient plus qu'assez des insultes, des enfants d'artistes avalés par l'ego de leur mère ou de leur père, des enfants d'immigrants qui ne comprenaient plus la langue de leurs parents, des artistes qui n'arrivaient pas à s'exprimer, des inadaptés sociaux, des gros, des violents, des infirmes… En un mot : des «rejets» de la société.

Même ceux qui avaient suivi Jourdan et Corme étaient anticonformistes à leur manière : Cricri, qui portait une mini-jupe des années avant que ce soit la mode, François, qui ne lâchait pas sa guitare d'un pouce, et les adorables jumeaux identiques qui vivaient dans un monde inconnu de nous et qui petit à petit nous le faisaient entrevoir.

Tous ces *outsiders* se retrouvaient ici entre eux. Ils étaient majoritaires et heureux. Chacun était éclopé à sa façon ; tous avaient besoin d'être compris et aimés tels qu'ils étaient, sans que ce « tels qu'ils étaient » soit un problème. Chacun de nous avait la permission de vivre à sa mesure, loin des schèmes connus et acceptés au tout début des années 1960. Pour certains, c'était une « dernière » chance de se raccrocher au monde, de vivre en société.

Chacun voyait que son voisin, encore plus poqué que lui, était en train de prendre du mieux, et cela l'aidait. Ainsi la présence dans un même lieu de tous ces dépareillés contribuait au bien-être de tous et de chacun.

Dans ce lieu hétéroclite créé par Jourdan et Corme, nous étions certains d'être en train de vivre quelque chose d'exceptionnel. Nous pressentions que ce moment unique et exaltant allait vite passer et qu'il ne reviendrait pas.

Je voyais mon frère et d'autres jeunes devenir des étudiants « modèles ». Les voleurs de chars s'intéressaient enfin à autre chose ; les violents qui frappaient sur tout ce qui bouge se tranquillisaient peu à peu ; ceux qu'on voyait frôler les murs au début de l'année finissaient même par venir prendre un café avec nous. Tous, nous changions. Pour le mieux.

Même si nous n'étions pas obligés d'assister aux cours, nous étions rarement absents. Peut-être que la méthode libre consistait à faire naître et croître en nous le désir profond de vivre notre vie, de faire preuve de libre arbitre et de responsabilité face à nos choix.

Parfois nous prenions le bus boulevard Saint-Laurent et nous allions nous « dévergonder » au centre-ville avec les copains. Nous avions élu domicile à La Paloma, et c'est là que j'ai dégusté mon premier expresso, que j'ai préféré au café turc que je buvais à la maison, c'est là que je donnais des mini récitals de poésie devant les amis de l'EFAC et d'autres buveurs de café et de Brio, soda italien alors si rare et d'un chic ! Nous nous imaginions sans doute à Saint-Germain-des-Prés à cause des chansons et des films. C'est à La Paloma que j'ai entendu le mot « *beatnik* » pour la première fois, là que nos deux guitaristes de l'EFAC, Gladu et Pellerin, sortaient leurs instruments, l'un pour nous jouer le *Concerto d'Aranjuez* que nous redemandions, l'autre pour nous chanter les chansons de Félix Leclerc.

La première année, il y avait une trentaine d'élèves dans ce lieu déglingué aux grandes fenêtres sales, planchers en bois sans vernis ni prélart ciré, quelques tables et chaises tout aussi disparates que nous, dans un deuxième étage du boulevard Saint-Laurent près du Métropolitain. L'année suivante, le nombre avait doublé, mais je n'étais plus là, et d'après mon frère, ce n'était plus pareil. Le moment d'exception était passé.

J'adorais les cours de philosophie donnés par monsieur Jourdan, le directeur, qui arrivait toujours en classe vêtu en laborantin. Il était tellement passionnant que nous avions envie de faire partie de sa recherche en didactique. Même les plus récalcitrants, qui étaient prêts à faire chier professeurs et parents, une fois de plus se retrouvaient bouche bée devant ce maître qui ne nous imposait rien. Rien sauf le plaisir de la connaissance. Il éveillait notre curiosité et attendait que le désir vienne.

En milieu d'année, un troisième prof est arrivé. Il venait du Congo et n'enseignait pas l'histoire ou la géographie, mais nous faisait vivre des aventures humaines en privilégiant ses sujets préférés : la colonisation et l'esclavage.

Nous habitions encore Saint-Vincent-de-Paul et nous devions prendre l'autobus pour l'EFAC très tôt le matin. Jamais mon frère ne l'a raté, lui qui quelques mois plus tôt était un décrocheur. Moi, c'est certain, je n'avais pas besoin de me faire prier pour me réveiller et partir, tellement j'étais heureuse de retourner à l'école et de ne plus travailler au magasin.

En attendant de trouver le moyen de refaire du théâtre, de jouer à nouveau, c'était neuf mois exceptionnels que je vivais avec gratitude après avoir connu la prison, et mine de rien, j'étais heureuse de voir que mon frère était en train d'être sauvé.

Je ne le lui ai pas demandé, mais je suis sûre qu'il pense comme moi. Jourdan et Corme, dans cette utopie de méthode libre, dans cette école qui n'avait rien à voir avec tout ce qui l'entourait, avec leur savoir et leur ouverture d'esprit, nous ont fait vivre une année hors du commun : ils nous ont ouvert les yeux, et le monde devant nous s'est agrandi. Quelque part dans notre calendrier intérieur, il y a pour nous l'avant et l'après-EFAC, aussi vrai qu'il y a un « là-bas » et un « ici » quand on est immigrant.

Journal, 26 juin 1960

Quand il est entré, j'étais en train de lire Musset, *On ne badine pas avec l'amour*. Je voulais aller jusqu'au bout de la réplique de Perdican, celle où il dit à Camille de retourner à son couvent, mais j'ai pas eu le temps. Il m'a dit : vous lisez Musset, c'est rare ! Une fille qui travaille dans un magasin lit des romans-photos ou *Le journal des vedettes*, pas Musset.

Je l'ai trouvé prétentieux. Non mais pour qui il se prend celui-là ? Qu'est-ce qu'il en sait, lui, ce petit morveux, des filles qui travaillent ? Petit pédant, fils de docteur, sans doute ! Qu'est-ce qu'il connaît des filles obligées de gagner leur vie ou la vie de leur famille ? Je l'ai trouvé frais chié, mais assez joli garçon, je dois dire. Mais qu'il dénigre les filles qui travaillent m'a vraiment énervée.

Sa manière de parler, aussi, copie conforme des frères des écoles chrétiennes. Il portait un blouson sport à la mode, de bonne qualité, pour la première fois, on dirait. Il touchait toujours son cou comme s'il cherchait sa cravate. Il fait des études classiques puisqu'il connaît Musset, ou bien il aime follement le théâtre.

Il est un peu plus vieux que moi. Je ne l'ai jamais vu avant aujourd'hui.

— J'aimerais avoir du fil numéro 50, mademoiselle, et surtout ne perdez pas votre page, mademoiselle. Du blanc et du noir, s'il vous plaît. C'est pour ma mère.

Je ne sais pas pourquoi les clients nous donnent des détails sur leur vie. Je m'en fous de savoir si c'est pour sa mère ou sa grand-mère, sa vie ne m'intéresse pas du tout. Et puis deux fois « mademoiselle » dans la même phrase, je trouve ça pompeux et ça me hérisse…

— Pour votre mère, monsieur, ah bon, je croyais que c'était pour vous. (J'en mettais un peu trop, pour me défouler.)

— J'aimerais bien, mais je ne sais pas coudre, mademoiselle, qu'il répond presqu'en s'excusant.

— Quel dommage, vous auriez pu confectionner une jolie petite robe à votre amie, au lieu de lire Musset. (Je me sentais dans une pièce de théâtre. Une jeune première chiante qui donne la réplique à un benêt.)

— Je n'ai pas d'amie.

J'avais envie de lui dire : tant pis pour vous, vous êtes trop baveux pour avoir des amis, mais je me suis retenue. Je lui ai montré les deux rouleaux de fil avant de les mettre dans un sac et de poinçonner le prix. J'ai demandé s'il désirait autre chose. Il m'a répondu : oui, j'aimerais parler de Musset avec vous. J'étais interloquée. Jamais aucune cliente ne s'était intéressée à mes lectures et encore moins un client. Jeune et beau garçon en plus, même s'il est fendant et condescendant.

Je m'apprête à lui dire que je ne connais pas encore assez Musset pour en parler, que c'est le premier livre que je lis de cet auteur, mais je suis sauvée par la cloche. Je n'ai jamais tant aimé le son de cette clochette qui d'habitude m'interrompt dans mes lectures ou mes rêveries ou mon repas ou l'émission de radio que je suis en train d'écouter. Deux clientes énervées et pressées. C'est parfait.

Je lui signifie que c'est impossible maintenant. Il paye, me salue en souriant et s'en va. Il a un très beau sourire.

Dis-moi qui tu hantes, je te dirai qui tu es

J'avais quatorze ou quinze ans lorsque j'ai rencontré le père Zarbatany. Petit homme vif, plein d'intelligence et d'histoires à raconter, il m'a tout de suite plu. Il ne ressemblait à personne que je connaissais. Il s'exprimait dans un français impeccable, en arabe avec un accent particulier, et sûrement aussi en anglais avec ses paroissiens. Père Zarbatany était un lettré, ce qui le rendait très différent des autres vieux immigrants. La plupart avaient oublié leur langue maternelle et n'en avaient appris aucune autre correctement. Je ne sais pas d'où il venait. D'Irak, de Syrie, peut-être de la Palestine? Son accent – qui n'était ni celui de mon père ni celui de ma mère – était difficile à identifier. Quand était-il devenu prêtre, quand avait-il immigré? Il était discret sur sa vie et parlait rarement de lui ou de sa famille. Il avait dix enfants, nés ici ou là-bas, je ne sais pas, l'un d'eux avait un petit commerce à Rose-mère, parfois il s'arrêtait pour faire un brin de jasette avec mon père, en passant par Sainte-Rose.

Depuis que nous habitions Saint-Vincent-de-Paul, le père Zarbatany venait souvent souper et passer la soirée chez nous. Mes parents l'appelaient Abouna, c'est-à-dire «notre père», comme le voulait l'usage. M'ma l'aimait particulièrement, peut-être parce qu'il lui rappelait son père décédé depuis peu, prêtre, lui aussi. Elle faisait des soupers extraordinaires quand elle savait qu'il allait venir. D'habitude, lorsqu'il y avait des visiteurs, je préparais le café turc, je le servais, et je fuyais dans la chambre des filles ou dans la cour. Quand c'était le père Zarbatany, je restais au salon. J'aimais l'entendre parler. Son projet : rassembler dans un livre-lexique tous les mots nouveaux que l'immigration avait apportés à la langue arabe, la plupart étant des déformations de mots anglais et français arabisés. À la longue, cette façon de parler devenait un dialecte surtout connu par la diaspora, qui en ignorait l'origine. C'est ce que le père Zarbatany voulait colliger. Comme les premières migrations remontent à la fin du XIXe siècle, il y avait de quoi chercher. À ce jour, je ne sais pas s'il a achevé son œuvre, s'il l'a publiée, et j'aimerais pouvoir tourner les pages de son livre ou de ses manuscrits, des calepins à couverture noire qu'il consultait devant nous. Il choisissait un mot ou une expression et nous racontait ses transformations au fil des ans. C'était toujours surprenant et souvent très drôle.

Le père Zarbatany nous parlait des philosophes grecs et arabes. Des noms que j'entendais pour la première fois : Platon, Aristote, Averroès, Avicenne, Al-Ghazali... Je tendais l'oreille. Quand il voyait que je ne comprenais pas, il traduisait en français. Mon père buvait ses paroles, le questionnait pour en savoir plus ;

il aimait apprendre. Bayé croyait à l'épiphanie : il suffirait d'une pensée, d'une phrase, lue ou entendue, elle
changerait sa vie en lui faisant accéder à l'essence des
choses et de la vie – j'ai hérité ça de lui.

Abouna Zarbatany avait un grand malheur dans la
vie, m'avait dit mon père. Son fils aîné était prisonnier
au pénitencier Saint-Vincent-de-Paul. À perpétuité.
Qu'est-ce qu'il avait fait ? pourquoi ? comment ? J'ai eu
beau le questionner, mon père ne savait rien de plus.

Ça m'a ébranlée. De savoir qu'il y avait un Libanais, le fils d'un homme si aimable, dans cette prison
effrayante, même de l'extérieur, ça me bouleversait. Je
n'arrêtais pas d'y penser. Pour moi, un Libanais pouvait être commerçant, riche ou pauvre, père de famille
ou célibataire, même prêtre, mais pas prisonnier ! Un
immigrant est déjà en marge, alors se retrouver prisonnier, c'est le comble. Exclu, même à l'intérieur des
murs. Autant dire un paria.

Une fois que j'ai eu mon permis de conduire, je suis
allée chaque semaine porter la commande à l'Institut
Leclerc : lacets cahiers crayons cire à chaussures brosse
à dents pour les détenus de deux ans et moins. Je les
voyais juchés, n'apparaissait que le haut de leur corps,
ils se bousculaient pour me voir, me soufflaient des
baisers. Comme prévu, un gardien venait prendre les
boîtes, signait la facture, je ne sortais pas. Protégée par
l'auto, par les murs gris très hauts et les portes grillagées,

je n'avais pas peur, j'étais juste un peu mal à l'aise. À l'aller et au retour, je passais devant le pénitencier centenaire de Saint-Vincent-de-Paul, si lugubre, et je ne pouvais m'empêcher de penser au fils Zarbatany. Je m'imaginais lui rendre visite, lui demander pourquoi, qu'est-ce qui est arrivé pour qu'un fils de prêtre devienne un criminel?

Souvent, le père Zarbatany s'adressait directement à moi. Il me parlait en français, me posait des questions sur ma vie, sur ce que je voulais faire. Quand je lui ai parlé de mon amour du théâtre, il a été impressionné. Il est resté silencieux, puis il m'a demandé comment j'allais faire pour réaliser mon rêve. Je lui ai dit que c'était le bonheur quand j'étais petite, je prenais des cours, je montais sur scène trois ou quatre fois par année, je faisais de la radio, ça me comblait, mais maintenant tout était différent, il fallait que je cherche, que je trouve. Je lui ai même révélé que je pensais faire de la télévision. Il a dit: «Le théâtre, c'est un art qui existe depuis les Grecs, mais la télévision, c'est une grande invention qui a un bel avenir.» J'ai senti qu'il me donnait sa bénédiction.

Une fois, de but en blanc, il m'a interpellée en souriant:
— Dis-moi qui tu hantes et je te dirai qui tu es.
Il n'arrêtait pas de sourire et attendait ma réponse. Je ne comprenais pas ce qu'il voulait et à quoi rimait cette devinette.

— Est-ce que tu comprends ?

— Je comprends tout, sauf le mot « hante ». Les fantômes hantent… mais moi je ne peux hanter personne. Pourquoi vous me demandez ça ?

— Je voulais savoir si tu comprends le sens de ce proverbe français, les Français aussi ont des proverbes, pas seulement nous… Si quelque chose nous hante, il entre en nous, il vit en nous, il nous obsède. Remplace « hante » par « fréquente ». Dis-moi qui tu fréquentes et je te dirai qui tu es.

Il m'a fait comprendre le mot qui me manquait et le sens du proverbe, puis son sourire s'est suspendu quand il a dit que la fréquentation des autres nous changeait, qu'elle révélait nos bons comme nos mauvais côtés, qu'elle pouvait aussi nous perdre comme nous guérir.

J'ai tout de suite pensé qu'il me parlait de son fils prisonnier, qui avait dû avoir des fréquentations malheureuses qui l'avaient hanté, obsédé et finalement détruit. Je savais maintenant pourquoi le père Zarbatany venait si souvent chez nous.

Pour être plus près de son fils.

Ce soir-là, quand il nous a salués et qu'il est descendu pour prendre sa voiture, j'ai couru vers la fenêtre d'en avant pour le voir, et ce que je pensais s'est avéré. Au lieu de se diriger vers Montréal, il a pris la direction opposée…

Suivre le boulevard Lévesque, tourner à gauche à la montée Saint-François, s'arrêter, regarder ce monstre brun, l'absorber comme si on voulait le faire disparaître, et repartir avec dans le cœur une tristesse infinie qu'aucune prière ne pourra anéantir...

Je connaissais le chemin, je savais combien de temps ça lui prendrait pour réapparaître...

Je me suis tordu le cou pour l'accompagner du regard le plus loin possible.

Journal, 13 juillet

Quand je l'ai vu pousser la porte avec des livres sous le bras, j'ai souri de contentement. J'ai pensé à lui deux ou trois fois depuis qu'il est venu acheter du fil pour sa mère. Là, de le voir, ça m'a fait un petit quelque chose d'indéfinissable. La dernière fois je voulais l'étriper, mais on dirait que je suis prête à lui laisser une chance.

Il est venu pour me voir, c'est clair, il n'a rien acheté, il n'a même pas fait semblant, il a tout de suite déposé ses livres sur le comptoir, et m'a demandé si j'avais terminé *On ne badine pas avec l'amour*, et si cela m'avait plu.

C'est la première fois qu'un garçon vient me voir, moi. Ça arrive souvent à ma sœur, jamais à moi.

Je ne sais pas si c'est à cause de la nouveauté, mais je ne sais pas ce que je ressens. Depuis l'âge de dix ou onze ans, à Sainte-Rose, où il y avait des garçons dans notre gang d'amis, je n'ai plus eu aucun lien avec des garçons de mon âge. J'ai étudié en art dramatique surtout avec des filles, servi surtout des clientes, ou des clients de l'âge de mon père.

Et les copains de l'EFAC… ça me paraît déjà si loin.

On a parlé de Musset et d'autres auteurs. Il a apporté deux pièces de Shakespeare que j'ai hâte de lire et *Lorenzaccio* de Musset. Ça m'arrive si peu de parler littérature avec qui que ce soit. Mes lectures, je les garde pour moi. Avec mon frère parfois, mais lui, il est amoureux des écrivains russes – Tolstoï, Dostoïevski, Gogol... –, moi je préfère les Français, même si je suis folle de Tchekhov qui est russe.

René, c'est son nom. Il lit surtout du théâtre et de la poésie. Ça m'a étonnée. Très peu de gens aiment lire le théâtre, même ceux qui en font parcourent rapidement la pièce qu'ils ont à jouer et s'attardent surtout à leur rôle.

On dirait que je le connais depuis longtemps.

Journal, 28 juillet

René vient me voir presque tous les jours. Il n'est pas du tout prétentieux comme je le pensais. Il est timide, oui. Parfois, pour se donner une contenance, il dit des choses qu'il regrette. C'est sûr que sa surprise a été totale quand il m'a vue lire Musset. C'est comme si j'étais dans le désert de Gobi et que soudainement j'entendais un natif parler un excellent français, qu'il a dit. Je lui ai demandé : où c'est, ça, le désert de Gobi ? Quelque part entre la Chine, la Mongolie et la Russie, il ne sait pas exactement où, mais il aime le mot.

Comme je le pensais, son père est médecin, mais lui ne veut rien savoir de la médecine, il aimerait mieux tracer son propre chemin. Il a dit que plusieurs médecins sont aussi de bons écrivains. Tu veux devenir écrivain, je lui ai demandé. Il ne sait pas encore, mais pour l'instant, il lit beaucoup.

Il me prête des livres, je suis contente. Depuis que je lui ai dit que je veux devenir comédienne et que j'ai déjà fait du théâtre quand j'étais jeune, il me demande de lire à haute voix des passages qu'il aime. Quand j'ai évoqué mon passé, j'étais très émue, comme si j'étais déjà trop vieille, et que je n'allais plus jamais faire de théâtre de ma vie. Heureusement, il n'a pas remarqué, il a tout de suite enchaîné en disant que lui aussi a fait du théâtre au collège, juste une fois, qu'il a trouvé cela épouvantable, qu'il a pensé mourir tant il avait le trac, ce qui fait qu'il admire les acteurs, surtout depuis qu'il a vu Denise Pelletier jouant Iphigénie au théâtre. Il était jeune, mais ça l'a marqué à jamais.

J'apprends à lire à première vue. Je suis habituée à apprendre des textes par cœur, à les interpréter. Lecture à vue, c'est très différent. Faut juste être capable d'imaginer qu'on est seule et en même temps que quelqu'un d'autre a envie d'écouter. Pas facile. Quand on oublie qu'on est en train de lire à haute voix, c'est là qu'on lit le mieux.

Le problème, c'est qu'on ne peut pas oublier longtemps qu'on est dans un lieu public. J'entends la clochette, une cliente entre, j'arrête de lire et je vais la servir, pendant ce temps-là il cherche ce qu'il veut me faire lire. Il me fait connaître des auteurs. C'est extra. Comme si j'étais à l'école, sans y être.

Je le sens très seul dans la vie. Il a deux frères plus âgés que lui. L'un médecin et l'autre avocat. C'est le médecin qui se marie dans quelques semaines.

René n'a pas d'amis. Au collège, il en a bien un ou deux, mais il ne les voit pas pendant l'été. Il m'a dit que c'est la première fois qu'il rencontre quelqu'un qui aime les livres autant que lui. Je lui ai demandé si lire pour lui était comme remplir un vide qui ne se remplit jamais. Il m'a regardée et ses yeux sont devenus mouillés. Le son de la clochette l'a aidé à se reprendre.

Cours d'anglais, cours d'arabe

Ma sœur aînée aime beaucoup travailler et aime encore plus donner des ordres. Bosseuse, dans les deux sens du terme. Elle a aussi de très bonnes idées. Je crois que c'est elle qui a inventé la sollicitation téléphonique. Pour annoncer une vente du tonnerre à ne pas manquer, un concours pour gagner un pèlerinage à l'oratoire Saint-Joseph toutes dépenses payées, une paire de bas de nylon aux dix premières clientes, tout cela pour faire venir le monde boulevard Lévesque, en particulier dans notre magasin, et accroître les recettes, qui commençaient à diminuer à cause des nouveaux centres d'achats si attrayants. Je suis assignée au poste de téléphoniste. «Tu as une plus belle diction que moi, nos futurs clients vont être impressionnés.» Bosseuse, c'est certain, mais elle sait aussi flatter dans le sens du poil. Ce sont les pires. Je devais répéter la même ritournelle à tous ceux qui avaient leur numéro de téléphone dans le bottin de Saint-Vincent-de-Paul et des environs. Attention, le texte était écrit!

Mais ses trouvailles ne se limitaient pas au commerce. Elle a pensé que nous devrions suivre des cours du soir, puisque nous n'allions plus à l'école. En anglais et en arabe. Excellente initiative. Ma connaissance de ma langue maternelle était réduite au minimum. Je parlais avec mes parents, mais à part les mots usuels pour boire et pour manger, je ne connaissais pas grand-chose. J'avais de plus en plus de mal à comprendre les histoires que Père nous racontait, de même pour les proverbes que Mère nous ressortait dans les moments les plus inattendus. Je savais écrire l'alphabet et mon nom, pas beaucoup plus. Il y avait tant et tant à apprendre depuis notre arrivée que l'arabe avait été jeté aux oubliettes, condamné à la prison perpétuelle, si ma sœur n'avait pas eu la brillante idée de lui ouvrir une petite porte.

Une fois par semaine pour l'arabe au Syrian Canadian Club et, deux soirs au YMCA de l'avenue du Parc pour le cours d'anglais.

Comme ma sœur avait son permis, on prenait l'auto de mon père sans problème. Les rares fois où il en avait besoin, nous y allions en bus. Nous partions toutes les deux, et je me sentais bien. Ma sœur aimait conduire, ça se voyait. Peut-être que l'idée des cours venait de ce besoin de faire une sortie en voiture, ne serait-ce que pour s'épivarder un peu…

Ma sœur était bien meilleure que moi en arabe et en anglais. Un jour, le prof d'anglais nous a demandé d'écrire notre autobiographie. Je ne l'avais pas vu écrire, même si nous passions nos journées ensemble au magasin, et que nous partagions la même chambre. J'ai failli pleurer quand elle a lu son texte devant la classe. C'était beau et vrai. Je me suis laissée prendre même si je connaissais l'histoire. C'était la première fois que j'entendais ma sœur parler de sa peine d'avoir quitté son village et ses amis, de son rêve d'y retourner un jour, du goût des figues et du raisin de notre verger qu'elle n'oublierait jamais. J'ai revécu en l'écoutant nos terribles premières années ici, le froid, la pauvreté, et les insultes répétées de certains enfants. Elle avait même traduit en anglais l'insulte suprême qu'on nous lançait au visage : maudite Syrienne, retourne donc chez vous ! Ça m'a fait sourire, et j'ai vu que le temps est un maître d'œuvre.

C'était la première fois que j'entendais « notre vie » révélée à haute voix à des étrangers. Mon émotion venait peut-être de ce dévoilement inattendu. En parlant d'elle, ma sœur parlait aussi de nous.

Je n'ai jamais eu la bosse des langues, je suis fondamentalement unilingue, je crois. De passer d'une langue à l'autre lors d'une même conversation, comme le font certains Beyrouthins, m'est absolument impossible.

Pour apprendre une langue, il me fallait une immersion complète.

Les émissions de télévision que nous écoutions entretenaient l'apprentissage de l'anglais, mais pour l'arabe, une fois par semaine, c'était vraiment insuffisant pour moi. Avec mes parents, les mêmes mots revenaient jour après jour, nos chances de progresser étaient limitées.

Le comble : notre professeur nous enseignait l'arabe en nous parlant... en anglais.

Ces cours n'ont pas été inutiles, ne serait-ce que parce qu'ils m'ont remémoré ce que j'avais déjà appris et oublié. J'étais à peine arrivée à « dénouer le mot », et encore très loin de pouvoir lire *Le livre des sabres* de Mutanabbî dans sa langue d'origine...

Mais sortir avec ma sœur me plaisait, laisser derrière nous le magasin, la maison, les disputes entre les fils et leur père, c'était un congé, trois fois par semaine.

C'est cette année-là que je me suis aperçue que ma sœur attirait grandement les garçons, et qu'elle appréciait l'effet qu'elle produisait, tout en faisant semblant que ça l'agaçait. À Saint-Vincent-de-Paul, on appelait ça : faire sa fraîche. À l'entrée du YMCA, on aurait dit que les gars l'attendaient. J'exagère à peine. J'avais remarqué qu'elle se pomponnait davantage ces soirs-là. N'empêche que traverser ce hall rempli d'hommes jeunes et vieux était chaque fois un exploit. Mi-amusant mi-inquiétant. Ma sœur avait ce qu'on appelait déjà grâce au cinéma américain du *sex-appeal*. Aujourd'hui, certains diraient « méchant pétard ». Au magasin, quand un homme entrait, je le voyais bien, l'effet, mais une trentaine de paires d'yeux, ça confirme l'attrait de la gent masculine, ça actualise l'intuition.

Moi, j'étais l'adolescente attardée qui traînait derrière. Je n'avais qu'un rôle de figurante, mais je m'en fichais. À cette époque, les garçons ne m'intéressaient pas. Me battre avec mes parents pour avoir le droit de sortir, ç'aurait été «beaucoup de trouble pour rien», comme disait madame Chaussé. Tout ce que je voulais, c'était être actrice. Toutes mes pensées allaient dans ce sens, mais je ne savais pas comment faire pour que ça débouche.

Journal, 3 août

Qu'est-ce que je vais faire, mon Dieu, qu'est-ce que je vais faire ? C'est la première fois qu'un garçon m'invite. À un mariage, en plus ! Je n'ai pas encore donné ma réponse, je ne sais pas quoi répondre. Je ne sais pas à qui en parler.

Je vais être obligée de le dire à ma sœur. De toute façon, elle l'a vu, il vient souvent. Elle en profite, elle aussi. Quand il arrive, elle va faire un tour au restaurant d'à côté. Je ne sais pas si c'est parce qu'elle veut nous laisser tranquilles ou qu'elle n'aime pas entendre parler de livres ou bien pour aller rejoindre le fils du voisin pour qui elle a un p'tit kick. Il remplace son père au café pendant l'été, elle en profite.

René n'arrêtait pas de me parler du mariage de son frère, un gros mariage il paraît, des musiciens et une piste de danse. Il m'a demandé si j'aimais danser, je lui ai répondu que j'adore danser. Jusque-là, c'était parfait. On parlait. Il me disait qu'il n'a jamais dansé avec une fille, qu'il a appris les pas du rock and roll dans sa chambre en attachant une ceinture à la poignée de la porte. J'ai éclaté de rire parce que moi aussi, j'ai fait ça, mais j'ai aussi dansé avec mon amie Carmen, y a longtemps. Lui, avec personne.

On avait l'air de deux gnochons qui ne sont jamais sortis de leur chambre…

C'est à ce moment-là qu'il m'a demandé de l'accompagner au mariage, après que je lui ai dit qu'on faisait donc pitié tous les deux. Pas juste invitée, je pourrais dire suppliée. Les deux mains jointes. Il ne voulait pas y aller tout seul, il voulait que je l'accompagne, s'il vous plaît, s'il vous plaît, on pourra danser, pas avec nos ceintures attachées à la porte, mais ensemble, je serai moins gêné avec toi. Je vous en prie, mademoiselle, ne m'abandonnez pas, mon sort est entre vos mains.

Il cherchait à se donner une contenance en imitant les jeunes premiers dans une pièce de Musset, Marivaux ou je ne sais qui. J'aurais pris part au jeu avec plaisir, mais j'étais très loin de la galanterie et du romantisme, j'essayais de trouver une façon de me sortir de là. Je me sentais coincée dans une comédie de boulevard avec un gros malentendu, une erreur sur la personne.

Je suis une AMIE avec qui on parle théâtre et littérature, PAS UNE BLONDE qu'on invite à un mariage !

Quand il a vu mon désarroi, il a rectifié, bredouillé…

On est juste des amis, juré, on aime les mêmes choses, c'est tout, mais j'ai besoin de ton aide, je t'en supplie, je suis obligé d'aller au mariage de mon frère, mais avec toi, ce serait moins épouvantable affreux épeurant effrayant. Il n'arrêtait pas de sortir des mots pour montrer à quel point il était mal pris…

Moi, quand on a besoin de mon aide, je fonds, c'est ça mon problème…

Maintenant, c'est moi qui ai besoin d'aide.

Pour un gros mariage, mon doux seigneur, une robe, des souliers, des gants et un chapeau parce qu'il faut rentrer à l'église, et un petit sac à main. Mon Dieu, où trouver tout ça? Heureusement, c'est l'été, autrement j'aurais eu besoin d'un manteau en plus.

Mes parents ne vont pas dire non, je suis invitée à un mariage, pas dans un bordel.

V

Jouer pour ne pas mourir

L'appel qui change une vie

Mon année à l'EFAC était bel et bien terminée. Retour à la case départ : horizon bouché. Le néant. L'ennui. Il fallait à tout prix que je me sorte de là. J'étais comme un prisonnier qui n'a rien d'autre à faire qu'à penser à s'évader, ça chauffait dans mon cerveau. Avec souvent des passages à vide. J'étais torturée et instable. Je passais du découragement à : je ne me laisserai pas enterrer vivante, de l'accablement à la requête : *bi kaffé bi kaffé* / assez c'est assez / *enough is enough*, en trois langues, au cas où une seule ne suffirait pas. Ces mots tournaient dans ma tête avec la rage qui va avec, je les marmonnais comme une folle enfermée dans un asile, quand j'étais seule au magasin.

Mon cauchemar récurrent : je suis au fond d'un puits sans une goutte d'eau et j'essaye de remonter à la surface. Mes ongles sont usés et mes doigts saignent.

J'oscillais entre deux pôles : le désir absolu de sortir de là, de m'enfuir, et la peur paralysante de m'en aller en claquant la porte.

Mais pour aller où ? Où vivre ? Comment vivre ? Et faire quoi ? Ma place n'est pas dans ce magasin, mais où est ma place ?

En attendant que la cliente se décide entre le fil bleu poudre trop foncé et le fil bleu poudre trop pâle pour la petite blouse qu'elle veut se confectionner, je pense à la façon d'échapper à cet enfer. Ou bien je m'apitoie sur moi-même en me disant, et en le croyant, que ma vie est finie.

Ou bien je suis en ébullition et déterminée, ou bien je m'étiole.

L'air me manque, j'étouffe, le soleil aussi, il me faut du soleil. Je meurs de chagrin, lentement.

Les moments où je suis la plus combative, je fais défiler dans ma tête toutes les possibilités pour entreprendre pour de bon mon métier d'actrice. Je me rends compte que, depuis la fois où je suis montée à l'arbre pour réciter mon poème d'adieu aux gens de mon village, c'est ma passion. Ma seule passion.

Je ne peux pas me résoudre à faire autre chose de ma vie sans me consumer, sans laisser dépérir mon âme.

Je tourne et tourne autour du téléphone depuis plusieurs jours. J'ai trouvé le numéro de Radio-Canada en téléphonant à l'opératrice de Bell. Ah ! le temps où la téléphoniste était une gentille jeune femme qui répondait promptement à toutes nos questions et qu'on appelait encore l'opératrice !

J'ai attendu d'être seule au magasin. Je ne voulais pas que ma sœur m'entende. C'était un mardi, elle était partie en ville. Le papier avec le numéro était dans ma poche depuis quelques jours, tout était prêt, personne au magasin, j'ai éteint la radio, fermé la porte, et puis j'ai plongé.

— Bonjour, je voudrais passer une audition et je ne sais pas à qui m'adresser…

— Un instant, je vous passe le service des auditions.

Un homme me répond, et je m'empresse de lui dire que je veux passer une audition, que je veux jouer dans les émissions de Radio-Canada.

— Vous voulez passer une audition, comme ça, tout simplement ?

— Oui, monsieur.

— Quel âge avez-vous ?

— J'ai quinze ans.

Il m'a trouvée jeune et pas très expérimentée. Je lui ai pourtant dit que j'avais étudié avec Marcienne Villeneuve-Groulx depuis l'âge de dix ans. Il m'a demandé si c'était la femme de Georges Groulx, comédien très connu et cofondateur du TNM, j'ai répondu que non, mais qu'elle était excellente, et j'ai continué à mousser ma longue carrière sans gêne aucune. En plus des pièces de théâtre et des spectacles, Monsieur, j'ai fait de la radio pendant trois ans tous les samedis matin à CKJL de Saint-Jérôme, à l'école, Monsieur, nous avions trois spectacles par année, et c'est moi qui jouais les plus gros rôles, en plus des visites de gens importants à notre école à qui je devais souhaiter la bienvenue avec de beaux grands textes appris par cœur. Ça n'a pas eu l'air de l'émouvoir. Il m'a dit que pour passer des auditions, il fallait être un professionnel ou en voie de le devenir, qu'il fallait présenter deux scènes du répertoire, trouver les répliques, que ce n'était pas un jeu d'enfants, qu'il y avait plusieurs professeurs à Montréal pour préparer les jeunes acteurs.

Il m'a donné les noms et téléphones de trois personnes «qui pourraient vous former et vous ouvrir des portes», et m'a souhaité bonne chance. Je l'ai remercié de tout cœur et je lui ai dit que c'était très important pour moi. Il m'a répondu que tous ceux qui veulent passer des auditions disent la même chose.

Ça ne m'a pas dérangée de ne pas paraître être originale, je savais ce que ressentaient les autres actrices et acteurs. Le désir de jouer, chacun le *porte* en soi, donc c'était im*portant* pour eux comme moi. Ce mot disait tout, sans superlatifs et sans flafla. Exactement.

Je savais maintenant quoi faire, et j'ai commencé par le premier nom sur la liste : Lucie de Vienne Blanc, avec qui je prendrai des cours pendant une année, avant d'aller chez Tania Fédor, qui me préparera pour mes auditions.

Peut-être est-ce ce jour-là que j'ai compris que de se ronger les sangs *avant* d'attaquer une chose qu'on doit faire est beaucoup plus angoissant que de la faire. Parler à ce monsieur de Radio-Canada a été un plaisir. Je savais grâce à lui quel était le chemin à suivre. Pourquoi avais-je attendu si longtemps ? Pourquoi m'être morfondue quand il était si plaisant de passer à l'action ?

Je n'allais plus me dégonfler. Ce jour-là, après avoir raccroché l'appareil, je l'ai aussitôt repris en main, et j'ai téléphoné au Proscenium. C'est l'assistant de madame de Vienne Blanc qui m'a répondu. Le même petit laïus pour vendre ma salade, et j'ai commencé le premier mardi de septembre.

Le mardi, c'est mon jour de chance. Je ne le savais pas alors, mais mon prénom signifie « mardi » en éwé, une langue du Togo, ce qui est une raison de plus pour aimer ce jour qui n'est ni le début ni la fin ni même le milieu de la semaine, mais qui a son charme parce qu'il cherche, tout comme moi à l'âge de quinze ans, à trouver une place et à la faire sienne.

Journal, 19 août

On a dansé, chanté, niaisé, ri, mangé, bu. C'était un très beau mariage. C'est la première fois que j'assiste à un mariage. Ça ne m'a pas donné envie de me marier, mais de danser. C'est fou, j'ai retrouvé le bonheur dans mon corps, j'ai retrouvé mon moi enfant, joyeuse heureuse complète. Rien ne me manquait, je dansais.

Il faudrait que je demande à René d'aller danser avec moi.

Ma sœur est une vraie magicienne, elle a trouvé tout ce qu'il me faut pour être plus que présentable au mariage, elle m'a même crêpé les cheveux pour en faire un demi-chignon en gardant une moitié sur les épaules. Ça me vieillissait un peu. Ma coiffure ressemblait à celle de Brigitte Bardot, mais en brune. Le chignon n'a pas tenu toute la soirée, j'ai trop dansé. Moi, le rock and roll me fait oublier les cheveux et tout le reste. On a dansé des slows, c'était agréable. René danse mieux les slows que les rocks, il faut dire. Plus la soirée avançait, plus il oubliait sa timidité et s'améliorait.

Quand ils ont su que j'étais invitée à un mariage, mes parents n'ont pas dit un mot. Ils étaient surpris, c'est tout. Souvent on s'en fait trop à l'avance. Pour rien.

Pendant que je dansais un slow avec René sur la chanson de Paul Anka *You are my destiny*, je rêvais et j'ai pensé à Paul Anka, qui est un fils d'immigrés lui aussi. Je me suis dit que si lui réussit à faire une belle carrière, pourquoi pas moi ? Ça m'a donné du courage. Je savais depuis longtemps qu'il venait de la même région que moi, pourquoi ça m'a frappée là, au moment où je dansais ? J'ai senti une flambée de bonheur dans tout le corps, une grande libération de mon esprit. Danser, ça aide à être heureux. Ma vie va être belle, je sais que les beaux jours vont revenir. Plus que quatorze jours à attendre avant le début des cours chez Lucie de Vienne Blanc et puis j'entrerai de plain-pied… *into my destiny*…

J'avais pas encore parlé de mes cours à René. Après la chanson, que j'aurais réécoutée encore et encore, on est allés s'asseoir et je le lui ai annoncé. Il était si content pour moi qu'il m'a embrassée. Avec fougue. Pas sur les lèvres, non, mais presque. Sur les joues. Mais c'était déjà beaucoup pour moi. Je me suis dit : ouf, une chance qu'il y a personne de ma famille au mariage. On appelle ça prude, puritaine, sainte nitouche ou niaiseuse ? Je ne sais pas. Tout ce que sais c'est que j'ai très hâte de commencer les cours, ça, au moins, je le sais.

Le Proscenium

Je ne savais pas ce que *proscenium* signifiait, et ce n'était pas la seule chose que je ne connaissais pas. J'avais tout à apprendre et j'ouvrais aussi grand que possible mes oreilles et mes yeux, je gobais le monde comme une affamée. Lucie de Vienne Blanc, je l'avais vue souvent à la télévision, ce n'était pas mon actrice préférée, mais comme professeure, elle était fascinante par sa culture, son savoir et son charisme. C'était une technicienne de la voix, une spécialiste de la phonétique. C'est avec elle que j'ai appris ce qu'est un accent tonique, un mot phonétique, un élan rythmique, que le français, contrairement à l'anglais ou même l'arabe, est une langue qui court vers l'avant, qui va vers… la fin. Sans doute à cause de l'accent tonique toujours placé à la fin du mot, de la phrase. Étudier un poème sans prêter attention au sens des mots, mais aux phonèmes et à ce qu'ils véhiculent, est une expérience des plus surprenantes. On s'aperçoit qu'un bon poète a choisi inconsciemment les phonèmes qui correspondent à son état d'âme, qu'on saisit avant même d'en comprendre les mots.

Un mauvais ouvrier a toujours de mauvais outils, disait-elle. L'acteur doit savoir respirer, il a besoin de sa voix, de sa prononciation et de son articulation pour se faire entendre et comprendre. Elle disait que la voix est l'image totale de l'être, la projection de l'homme dans l'espace. Elle répétait que la technique n'est pas une fin en soi, qu'elle sert à désentraver l'expression et à permettre à l'acteur d'être pleinement là pour interpréter son rôle. Il faut que l'outil soit aiguisé et prêt à servir l'œuvre. En grec, se plaisait-elle à dire, un seul et même mot désigne la « technique » et l'« art ».

Quand je suis entrée au Proscenium — d'après le mot latin qui désigne de nos jours l'avant-scène —, ça faisait bien deux ans que je n'avais pas frôlé le plancher d'une école de théâtre. Je n'étais plus une enfant, mais une jeune fille remplie de rêves et d'ambition. J'étais prête à travailler très fort pour y arriver. L'atmosphère des cours était différente de chez madame Groulx, qui devait parfois faire la discipline. Ici, tous étaient venus, non pas poussés par leurs parents comme c'était souvent le cas au Studio des colibris, mais par leur désir d'apprendre le métier et de réussir à percer un jour.

Lucie de Vienne Blanc n'avait pas besoin de faire régner l'ordre, elle n'avait qu'à entrer dans ce minuscule théâtre et l'ambiance changeait. Elle avait toutes les qualités d'une *star*, les premières étant le mystère et le pouvoir de séduire. Souvent les élèves murmuraient à son sujet. On avait l'impression de savoir beaucoup de choses sur elle, sur sa vie passée : avait-elle vraiment connu Charles de Gaulle, avait-elle même travaillé avec lui, ou au moins pour la Résistance française ? En fait, on ne savait rien, ou pas grand-chose. Des rumeurs de jeunes amants, ses assistants étaient toujours des hommes, une carrière de cantatrice aux États-Unis, non en Italie. Avait-elle des enfants ? Était-elle mariée ? ce Blanc accolé à son nom voulait dire qu'elle l'était, non ? Et d'où venait donc cette blessure qu'elle avait au visage ?

J'ai passé une année à venir chaque semaine au Proscenium, à monter sur scène autant qu'il m'était possible, à absorber tout ce que je pouvais, à apprendre en regardant les autres jouer. De ce mini théâtre logé dans un deuxième étage au fond d'une cour, où défilaient de jeunes actrices et acteurs, que j'avais vus à la télévision, ou que je verrais bientôt, un moment délicieux me revient.

Ça se passe dans le vestibule où nous nous débarrassons de nos manteaux et effets avant d'entrer suivre le cours. Louise Forestier et Louisette Dussault, je les revois et je les entends comme si c'était hier. Elles font les folles, chantent à tue-tête en se répondant, une comédie musicale qu'elles improvisent. Je suis admirative et sûrement un peu jalouse de leurs voix, de leur liberté et de leur bonne humeur. Leurs belles voix résonnent dans ce petit local, et je meurs d'envie de prendre part à leur jeu. Ç'a l'air si amusant. Je ne sais pas chanter, pas vraiment, mais le sourire de Louise et Louisette, qui se sont aperçu que je les regarde avidement, m'encourage. Tout en continuant à chanter, elles m'incitent à entrer dans leur jeu. Je plonge, en jouant mon propre personnage : le clown grotesque et admiratif, qui avec des sons, des gestes, des mimiques et quelques pas de danse comique exprime son adoration… ce qui ne manque pas de les faire rire et par conséquent de les faire décrocher. De toute façon, il faut entrer au cours, madame de Vienne Blanc ne tolère pas les retards.

Dans la vie, je paraissais sage, quand au fond j'étais d'humeur changeante, apathique ou euphorique, secrète et discrète, je ne parlais pas beaucoup. Sur scène, je prenais le large, je voguais, il n'y avait rien à mon épreuve, pourvu que ce soit sur les planches. Attendre d'être sur scène pour se manifester… un vilain défaut que je ne me découvrirai que plus tard. À seize ans, j'avais le sentiment de pouvoir tout exprimer en jouant. Je n'avais pas beaucoup de désirs ou de besoins, à part celui de jouer, toucher à de beaux textes, être dans une autre peau, sortir de moi, de ma condition, plonger dans un ailleurs que je pouvais explorer à loisir, m'oublier enfin, vivre un bonheur ou un malheur qui n'était pas le mien ni celui d'un membre de ma famille, transcender le quotidien, me divertir de ma vie, me dépayser pour mieux m'ancrer dans un univers poétique et théâtral.

Plus le temps passait, plus je détestais ma vie. En sortir, ne serait-ce que momentanément en lisant, en jouant, était une panacée, un verre d'eau fraîche pour étancher ma soif. J'avais toujours soif.

Mon père venait souvent me chercher, je ne lui demandais rien, c'est lui qui était inquiet.

J'attends l'autobus, appuyée sur un poteau, un livre à la main que je bouge pour trouver la meilleure position pour attraper la lumière du lampadaire. Je suis entièrement absorbée dans ma lecture jusqu'au moment où j'entends un klaxon : je me tourne, c'est mon père. Nous roulons. « J'ai peur pour toi, seule, le soir, tu es une belle jeune fille et n'importe quel garçon pourrait… on ne sait pas ce qu'un jeune homme peut avoir dans la tête. » Et je réponds : « Ne t'en fais pas, bayé, un garçon n'est pas intéressé par une fille qui a le nez collé à son livre, si ça arrive, je ne le regarde pas, je ne le vois même pas, alors il va aller voir une autre fille, c'est sûr. »

Je ne sais pas si j'avais réussi à rassurer mon père avec cet argument ridicule, mais plus l'année passait moins il venait me chercher. J'avais plus de temps pour lire dans les autobus, et même en les attendant. J'avais tant de choses à apprendre. Il me fallait mettre les bouchées doubles si je voulais un jour jouer une jeune première au théâtre et à la télévision. Vingt ans, l'âge fatidique, c'était dans quatre ans !

Gardienne de ma prison

Ma sœur est partie en ville. C'est elle qui fait les achats pour le magasin. Avant, c'était mon père, mais depuis qu'elle a son permis de conduire, c'est elle qui y va, la chanceuse. Une fois par semaine. La chanceuse. Chaque fois, je vis l'ennui, le désespoir. Chaque fois, j'aurais fumé deux paquets de cigarettes si j'avais commencé à fumer, j'aurais bu douze bières si… Quel dommage, je ne connaissais encore rien à ces palliatifs ! Quand ma sœur partait, je sentais que cette détresse allait durer toute ma vie. Chaque fois, je suis sûre que je vais étouffer. Chaque fois, je me dis : un jour ma sœur va me retrouver morte. Je sais qu'elle ne me croit pas quand je lui dis que c'est insupportable de rester toute seule dans ce magasin pourri et poussiéreux, où tout me dégoûte. Mais quand elle me verra vraiment morte derrière un comptoir dans un magasin vide, que tout sera volé, parce que je ne serai pas là pour surveiller, elle me croira. Ce jour-là, elle me croira vraiment, mais ce sera trop tard.

Elle choisit le lundi ou le mardi parce que ce sont deux jours tranquilles. Justement, c'est ça l'horreur. Tranquille, ça pourrait même être un état acceptable, mais pas dans un magasin, pas quand on est jeune et qu'on voudrait être ailleurs, n'importe où, mais pas là. Les marchands disent «c'est mort» pour dire que c'est tranquille. Pour moi, c'était vrai. Je la sentais, la mort, surtout vers 4 heures de l'après-midi les jours d'hiver.

Quand ma sœur allait en ville, je n'étais pas une vendeuse dans un 15¢, je gardais le magasin ouvert, c'est tout. J'aurais pu fermer, et personne ne l'aurait su.

J'étais la gardienne de ma propre prison.

Si au moins je gardais un enfant, on pourrait jouer, je lui raconterais des histoires, on rirait, on danserait, on chanterait. C'est vrai que je pourrais faire ça toute seule ici puisqu'il n'y a presque personne qui entre, mais je n'en ai pas le cœur. Quand ma sœur ferme la porte, toute mon énergie disparaît laissant la place à une grisaille dans mon esprit, une lourdeur dans tous mes membres, une frayeur aussi. J'ai peur de sombrer et de ne plus être capable de revenir à la surface.

Ma sœur se prépare, elle ouvre la caisse, prend de l'argent et aussi le carnet de chèques. Elle a mis une jolie robe, je suis sûre qu'elle va en profiter pour rester en ville, aller souper avec sa meilleure amie. Elles vont se rencontrer chez un grossiste, faire les achats, rire, les magasiniers vont leur faire des clins d'œil, son amie aussi a un magasin, et elles vont aller se balader et faire les fraîches.

Je n'ose pas lui dire: «Toi tu sors tout le temps et moi je suis obligée de rester dans ce maudit magasin.»

Elle va me répondre comme toujours : «Première-
ment, on ne dit pas *maudit* magasin parce que c'est le
magasin qui nous fait vivre et on ne crache pas sur ce
qui nous nourrit. Deuxièmement, toi aussi tu sors, tu
vas suivre tes cours de théâtre, tu vas passer tes auditions, et quand tu obtiens un rôle, tu es absente pendant
une semaine.»

J'ai juste envie de crier, mais ça ne sert à rien. Je
la regarde sortir, je me colle à la vitrine, elle descend
l'escalier du magasin, son sac à son bras gauche, les clés
de l'auto dans sa main droite, elle tourne à gauche, fait
deux pas sur le trottoir, entre dans l'allée, et le sourire
aux lèvres, elle monte dans la Chevy II. Son sourire, je
le devine. Ma sœur a la délicatesse de ne pas trop montrer sa joie, elle ne veut pas que j'aie trop de peine.

Avant de partir, elle m'a dit tout ce qu'il y avait à
faire, tout en étant sûre que je ne ferais rien. Enlever la
poussière et ranger le comptoir de jouets pour faire de
la place pour la nouvelle marchandise. «On reçoit une
commande jeudi, ne l'oublie pas.» Elle a bien vu que
je n'écoutais pas, alors elle a levé les yeux au ciel et elle
est sortie. Si j'étais elle, je ne me supporterais pas. Mais
elle, non seulement elle m'endure, mais elle est gentille,
la plupart du temps.

«Je ne rentrerai pas avant 11 heures. Bye.»

J'en étais sûre.

Elle fait marche arrière sans hésitation, jamais vu
meilleur chauffeur qu'elle. La voie est libre. Le devant
de l'auto pointe vers Montréal, la Chevy II et ma sœur

trépignent d'impatience, elle me fait un petit signe de la main, son visage est radieux.

Je déteste la vie.

Je reste longtemps le nez collé à la vitre.

Me revient parfois ce sentiment d'oppression, d'emprisonnement, d'erreur, d'incompréhension, me revient cette lourdeur dans tout mon corps, cette saveur de poussière et de lumière de néon blafarde, et ce temps infini qui passe sans moi.

La fille de Béatrice Picard et Paul Hébert

Quand j'ai commencé à la télévision, on ne mettait pas de l'avant le fait que je venais d'ailleurs. J'étais une jeune actrice comme les autres. De toute façon, il n'y avait pas de rôles d'immigrants à cette époque, personne n'écrivait à ce sujet. L'immigration n'avait pas la cote. Les nouveaux venus et même ceux qui étaient là depuis longtemps faisaient profil bas et se fondaient dans le décor. Ils ne faisaient pas partie de la communauté canadienne-française, car très peu avaient réussi à franchir la barrière élevée par les écoles catholiques.

Pas de rôles d'expatriées, mais des exilées de l'intérieur qu'on appelait alors des Indiennes, et un jeune prince arabe qui avait passé la frontière sans passeport pour vivre une semaine à *La boîte à surprise.*

Mon premier rôle, je l'ai obtenu très vite par le service des auditions de Radio-Canada. J'avais présenté une scène d'une comédie légère de Claude-André Puget, où je personnifiais un ange, et d'un drame sombre et poétique d'August Strindberg. Récemment, j'ai retrouvé ces quelques pages dactylographiées, qui avaient fait le voyage avec moi jusqu'au Liban, puis en France, et retour au Québec, sans compter les déménagements à l'intérieur même de ces pays. J'ai eu une émotion sans égale, surtout en relisant les passages de *Pâques* de Strindberg, parce que cette Éléonore qui vient de sortir de l'hôpital psychiatrique, c'était moi. Je reconnais dans ses mots la souffrance de la jeune fille que j'étais. «Pour moi, il n'y a ni temps ni espace. Je suis partout et n'importe quand. Je suis avec mon père dans la prison et avec mon frère à l'école, et avec ma mère à la cuisine et dans la boutique de ma sœur en Amérique. Quand elle réussit à vendre quelque chose, j'en ressens de la joie, et quand son commerce marche mal, je souffre. Mais je souffre bien plus quand elle commet une mauvaise action. Toi, tu t'appelles Benjamin, car tu es le plus jeune de mes amis… Remets-toi entre mes mains, et je souffrirai aussi pour toi.» Les cinq pages se terminent par une sentence qu'il m'arrive de dire sans savoir que ce sont les mots d'Éléonore que j'ai dû répéter mille fois pour préparer mon audition… «Eh bien! que ce qui doit arriver arrive… Oui, que ce qui doit arriver arrive.»

Ma professeure de théâtre, Tania Fédor, avait choisi pour moi deux textes qui correspondaient exactement à ce que j'étais. Le côté enfantin et lumineux et heureux de l'ange Myrielle qui s'incarne pour la première fois, et Éléonore, blessée, sombre, souffrante, embrouillée. À ce moment-là, je ne voyais pas à quel point je lui ressemblais, c'est aujourd'hui seulement que je m'en aperçois.

Tania Fédor était une actrice française d'origine russe qui avait joué dans de nombreux films en France avant d'émigrer au Canada, où elle a continué à travailler à la télévision, au théâtre et au cinéma. Il y a pas long-temps, je l'ai vue dans *À tout prendre* de Claude Jutra, un film datant de 1963, l'époque où j'étudiais avec elle. Ç'a réveillé de beaux souvenirs, et j'ai pensé : Tania Fédor n'est pas morte, avec une cinquantaine de films et autant d'élèves, on ne meurt jamais complètement.

Tania Fédor semblait plus charmante que chaleu-reuse, elle gardait une distance respectable, pourtant elle avait une manière très délicate de montrer son affection. Au moment où on en avait le plus besoin. Elle était excellente pédagogue et avait une intuition extraordinaire. Je ne sais pas si elle était de même avec tous ses élèves, mais je sentais qu'elle lisait en moi comme dans un livre ouvert. Surtout depuis que ma mère et la moitié de ma famille avaient quitté le pays. «Alors, mon petit, ça ne va pas aujourd'hui. Racontez-moi. C'est dur sans sa maman, n'est-ce pas ? Comme je vous comprends.» Je n'avais pas à m'étendre sur le sujet, j'allais de mal en pis. Même dans mon jeu, j'avais commencé à être plus timorée, plus hésitante. «Il faut attaquer, mon petit, cette réserve, c'est bien joli dans la vie, mais pas au théâtre, à moins que le personnage le demande. L'attaque d'une réplique, c'est très important, mon petit, c'est le souffle du personnage qu'on transforme en mots.»

Jusqu'à mon départ pour le Liban, j'ai continué à étudier avec elle, même si j'étais devenue «professionnelle» – j'aimais beaucoup ce mot qui voulait dire pour moi non seulement que je gagnais de l'argent en pratiquant mon métier, mais que je faisais partie d'une profession, d'une communauté, d'un groupe. J'avais une carte d'identité. Le jour où je suis devenue membre à part entière de l'Union des artistes, je sautais de joie.

Le premier professionnel avec qui j'ai joué, c'était Gaétan Labrèche. Il m'a donné la réplique pour les deux scènes présentées à mon audition. C'était un orfèvre. Aussi drôle et précis dans la comédie qu'émouvant et attendrissant dans le drame, dans un personnage beaucoup plus jeune que lui, et chaque fois sa transformation me stupéfiait. On entend souvent les acteurs dire que c'est plus facile de jouer avec de bons acteurs, c'est vrai. C'est à la demande de Tania Fédor qu'il avait accepté de me donner la réplique. Peut-être était-il un de ses anciens élèves. Avec lui, point de bavardage, il était si rigoureux et consciencieux, on aurait dit qu'il s'agissait de sa propre audition. C'est ce que j'admire chez les grands : pour eux, pas de petits rôles qu'on fait par-dessus la jambe, c'est toujours le même professionnalisme, que ce soit une émission pour enfants, un rôle principal dans un téléthéâtre, ou pour rendre service à une jeune comédienne.

Pour mon premier rôle, j'ai joué une adolescente de quatorze ans, alors que j'en avais dix-sept. Sa quatorzième année et la mienne étaient si éloignées l'une de l'autre que je me demandais si nous évoluions dans le même monde. En vérité, je ne me posais pas cette question, j'étais juste ravie de rentrer dans son monde. La différence entre elle et moi : à dix-sept ans, je n'étais jamais sortie avec un garçon, sauf une fois, quand j'ai accompagné mon ami René au mariage de son frère, et je n'en avait embrassé aucun, alors qu'elle flirtait déjà... à l'âge de quatorze ans.

La Balsamine, téléroman écrit par le romancier Jean Filiatrault, a tenu l'affiche pendant la saison 1962-63. Le réalisateur Florent Forget m'avait choisie après visionnement des auditions.

Je suis ainsi devenue Anne-Marie, la fille de Béatrice Picard et Paul Hébert. Je les connaissais pour les avoir souvent vus à la télévision, et du jour au lendemain je jouais avec eux !

J'étais heureuse. Je les regardais travailler et j'apprenais mon métier.

Trois matinées en salle de répétition, et une journée au studio dans les décors, avec caméras, éclairage, puis avec costumes et maquillage. C'était enivrant. Nous étions à l'ère où la télévision ressemblait au théâtre. À l'heure dite, une fois l'enregistrement commencé, la prise deux n'existait pas, on ne reprenait pas la scène, comme dans une représentation théâtrale, on était dans l'instant irrévocable. Mais pas dans un seul décor, comme souvent au théâtre, on se promenait dans de multiples lieux, et le verbe «jouer» prenait tout son sens.

Travailler avec des professionnels et à la télévision ne m'impressionnait pas, c'était juste : enfin ! j'ai retrouvé ma place ! celle que j'avais perdue à quatorze ans en perdant le théâtre. Enfin je reprenais la place où j'étais le plus à l'aise parmi tous les lieux que je connaissais. Étymologiquement, «aise» signifie : espace vide à côté de quelqu'un. J'étais à l'aise d'occuper cet espace à côté de quelqu'un qui joue. De jouer, de regarder les autres jouer. Cet intervalle de fiction dans ce temps de ma vie était une bénédiction. C'était ma respiration. Je vivais chaque moment avec intensité et, ce qui peut paraître contradictoire, avec un grand calme.

J'étais cent mille fois plus à l'aise dans mon rôle de fille de Béatrice Picard et de Paul Hébert que dans celui de «la fille du 5-10-15 ¢», ainsi qu'on nous appelait, ma sœur et moi. Malheureusement, on m'engageait bien plus souvent au magasin qu'à Radio-Canada.

Le lendemain d'un jour heureux

Tu viens de passer une journée complète de studio avec des acteurs que tu aimes en plus de trois jours de répétitions. Tu en as goûté chaque instant. Tu flottes encore. Ta sœur t'a dit d'ouvrir seule le magasin, tu n'as pas chigné. Tu serais malvenue de te plaindre. Une semaine entière sans travailler au magasin, c'est un cadeau du ciel.

Enivrez-vous sans cesse de vin, de poésie ou de vertu, à votre guise… J'ai ce poème de Charles Baudelaire en tête et c'est comme ça que je me sens.

Je suis entourée de comptoirs pleins, d'autres qu'il faut remplir ou dépoussiérer, de marchandises à étiqueter et à ranger. J'entends les clientes bavarder, me raconter leur vie et la vie de leurs voisines, je suis contente, je savoure ce bien-être de lendemain d'un jour heureux.

À part quelques casse-couilles, que ma sœur et moi, nous nous refilons à qui mieux mieux, nos clients sont gentils, divertissants et parfois même très intéressants. Certains deviennent des amis, ou ce qui s'en approche le plus. Un magasin de 15 ¢, c'est souvent un lieu de rencontre. Une dame entre pendant qu'une autre est en train de commenter l'émission de la veille, immanquablement la nouvelle venue prend part à la conversation. Elles repartent souvent bras dessus, bras dessous.

Si je n'avais pas eu cette passion pour le jeu, qui me mange la tête et le cœur en même temps qu'elle me nourrit, cela ne m'aurait pas déplu de travailler comme vendeuse. C'est une vitrine sur le monde. J'apprends à observer les gens, à les écouter, à saisir leurs besoins, leur moindre intention. Déjà, la manière d'ouvrir la porte, d'entrer, de marcher en dit long sur la pauvreté, la richesse, le bien-être de la personne. Qui a confiance dans la vie, qui a peur de son ombre, on le sait tout de suite, les corps parlent, qui est venu pour acheter, pour nous faire niaiser, ou pour passer le temps...

Ça ne me dérange pas, moi aussi, je passe le temps.

C'est incroyable ce que certaines personnes peuvent nous révéler, on sent leur besoin de déverser un trop-plein, ou juste l'envie de parler à quelqu'un, et comme nous venons d'ailleurs et que nous ne nous mêlons pas beaucoup, elles savent que les secrets resteront à l'intérieur, comme si c'était un cabinet de psychologue. Soudainement, une personne se met à nous faire des confidences, elle se tait en voyant une cliente entrer, et reprend son monologue, une fois seule avec moi ou avec ma sœur.

Ces épanchements me surprenaient, je ne savais pas ce qui les déclenchait ni quelle serait leur fréquence.

Ça pouvait arriver une seule fois, et plus jamais, ou bien devenir un prétexte pour venir acheter chez nous.

Si je n'avais pas travaillé au Saint-Vincent 5-10-15 ¢ to 1 $ store, je n'aurais jamais rencontré autant de sourds-muets et d'aveugles à la fois. Ils habitaient au couvent des Sœurs de Sainte-Croix, là où j'avais fait ma première année, et venaient magasiner en groupe au moins une fois par semaine. C'était un monde à part, et surprenant. Chacun veillait sur les autres; les uns prêtant leur voix, les autres leurs yeux. Même partiellement diminué, chacun était utile, comme le lion qui a besoin de la souris dans la fable de La Fontaine. Je ne sais pourquoi, les sourds-muets avaient l'air joyeux et pleins d'entrain, tandis que leurs amis aveugles semblaient toujours tristes.

Ce lendemain de veille, je suis rêveuse, heureuse, je revois ma semaine et me repasse en détail la journée de l'enregistrement, je pense à ce que j'aurais pu améliorer, à ce que j'ai réussi. Je pense à Béatrice Picard, à son énergie débordante, à sa façon de s'endormir en une seconde sur la chaise pendant qu'on la maquille; je pense à Paul Hébert, sombre et réservé, mais quand même aimable; à l'auteur de *La Balsamine*, Jean Filiatrault, qui est venu faire un tour − j'ai appris par Richard Martin, qui joue le rôle de mon oncle, que Filiatrault est aussi romancier, qu'il a fondé la revue *Liberté* avec d'autres écrivains, poètes et cinéastes, que c'est son premier téléroman; je pense au réalisateur

Florent Forget qui nous dirige bien, avec très peu de mots, et à Marthe Thiéry, une vieille dame discrète et digne, qui joue peut-être son dernier rôle tant elle est vieille.

Je rêvais encore quand un homme est entré. Je l'avais vu deux ou trois fois, il me surprenait chaque fois.

D'habitude, ce sont les femmes qui habillent leurs maris. Pyjamas, chaussettes, chemises, combinaisons sont choisis et payés par elles. Quand les hommes viennent magasiner, c'est avec un papier à la main, qu'ils lisent à voix haute, en s'assurant que ce que je leur montre correspond bien à ce que leur femme a écrit, puis ils empochent gauchement l'article, payent, merci bonsoir.

Ce monsieur était l'exception. Non seulement il faisait lui-même ses achats, mais il commentait la qualité de la chemise qu'il avait achetée, décrivait le rétrécissement au lavage de sa combinaison Penman's ou de ses bas de laine, et racontait en long et en large, à la manière de nos meilleures clientes, les émissions de télévision qu'il avait vues la veille en les comparant avec celles qui avaient précédé.

Le canal 10 venait d'ouvrir et ne produisait pas encore de téléromans, et presque personne ne regardait la télévision en anglais à Saint-Vincent-de-Paul, contrairement à Sainte-Rose, alors quand on parlait de l'émission de la veille, c'était celle du canal 2, et tout le monde l'avait vue.

Ce jour-là, l'étonnant client se met à me parler de l'émission de la veille – celle que je n'avais pas arrêté de repasser dans ma tête depuis ce matin –, *La Balsamine*, qu'il avait suivie assidûment, qu'il aimait sans réserve.

— Et la jeune, avez-vous vu la petite jeune qui a joué la fille de Béatrice Picard et Paul Hébert? Des beaux yeux noirs, une longue queue de cheval, belle, pis bonne, en plus de ça. Je sais pas comment ils l'ont trouvée, elle ressemble tellement à madame Picard quand était jeune. C'est la deuxième fois qu'on la voit. J'espère qu'elle va revenir. Vous avez vu l'émission?

— Non, je ne l'ai pas vue, j'étais dedans.

Et le monsieur continue de parler comme s'il ne m'avait pas entendue.

C'est vrai que je porte deux tresses alors que la veille j'avais une queue de cheval. Aujourd'hui, je ne suis pas maquillée et hier, j'avais à peine un peu de poudre sur le visage.

La télévision en était à ses débuts, et était encore un mystère. Jamais cet homme n'aurait pu imaginer que la jeune fille portant ces vêtements ordinaires qui était en train de le servir dans un 15 ¢ ordinaire était hier à Radio-Canada, et jouait la fille de Béatrice Picard dans une émission qu'il adorait…

Il est déjà rendu à relater les péripéties des *Belles histoires des pays d'en haut,* quand tout d'un coup, il s'arrête en plein milieu d'une phrase, se frappe la poitrine comme s'il avait reçu une balle en plein cœur.

— Ah ben maudit ! Ça parle au diable ! Chu donc ben niaiseux ! La p'tite jeune fille qui donne du fil à retordre à ses parents, c'est vous, la p'tite mausus, ah ben oui, les mêmes yeux noirs ! Ah ben maudit, attends que je dise ça à ma femme. C'est toi, hein, je me trompe pas, là ?

Je souris pour lui signifier que « la p'tite mausus », c'est bien moi. Alors, il m'étreint, me serre fort, m'embrasse affectueusement sur les deux joues. Sa joie et sa fierté sont palpables. Je me sens comme sa petite-fille, qu'il n'a pas vu depuis au moins Noël dernier, et lui, mon grand-papa.

Prévert à la Palestre nationale

Je ne sais pas comment c'est arrivé. Est-ce qu'on m'a invitée ? Est-ce moi qui ai frappé aux portes ? Ai-je organisé moi-même cette soirée ? Tout ce que je vois, c'est un décor minimaliste, un filet (il me semble), un micro sur pied, une petite estrade, sans éclairage particulier, des chaises et des tables, et des gens devant moi.

Je donne un spectacle de poésie.

Surtout du Prévert, que j'ai découvert depuis peu et que j'aime à la folie. Il a une manière unique et nouvelle pour moi de dire les choses. Il fait d'abord rire ou sourire puis nous frappe en pleine gueule. Son livre *Paroles*, je le connais par cœur, mais c'est un spectacle et non une lecture de poésie. Il m'a fallu trouver des poèmes qui peuvent être appréciés dès la première écoute, et des textes que j'aurai du plaisir à interpréter.

Le loufoque et le grave se côtoient, souvent dans le même poème. Il faut offrir un ensemble qui se tient, avec une gradation et un climax. Je me suis lancé le défi de faire aimer Prévert autant que je l'aime.

Le plus difficile a été de choisir entre ses poèmes si contrastés.

Notre Père qui êtes aux cieux / restez-y et braves gens écoutez ma complainte / écoutez l'histoire de ma vie

Bandit ! Voyou ! Voleur ! Chenapan !

J'aime celui qui m'aime / Est-ce ma faute à moi / Si ce n'est pas toujours le même…

Ou encore :

Il y a de grandes flaques de sang sur le monde / ou s'en va-t-il tout ce sang répandu / est-ce la terre qui le boit et qui se saoule

Cet amour / si grand / si fragile / si désespéré / cet amour / beau comme le jour / et mauvais comme le temps / quand le temps est mauvais.

Et :

Le désespoir est assis sur un banc / Si vous le regardez / Si vous l'écoutez / Il vous fait signe et rien personne / Ne peut vous empêcher d'aller vous asseoir près de lui. Jacques Prévert décrivait ma vie tourmentée où le désespoir n'était jamais très loin : *Il ne faut pas le regarder / Il ne faut pas l'écouter / Il faut passer / Faire comme si on ne le voyait pas / Comme si on ne l'entendait pas.*

Et bien sûr, *Barbara…* Ce poème me touche encore et toujours, mais là, je peux pleurer tranquille, je ne suis pas en représentation.

Oh Barbara / Quelle connerie la guerre / Qu'es-tu devenue maintenant / Sous cette pluie de fer / De feu d'acier de sang / Et celui qui te serrait dans ses bras / Amoureusement / Est-il mort disparu ou bien encore vivant

J'ouvre le spectacle avec *Le cancre* et la petite actrice en moi a de quoi se régaler :

Il dit non avec la tête / mais il dit oui avec le cœur / il dit oui à ce qu'il aime / il dit non au professeur / il est debout / on le questionne / et tous les problèmes sont posés / soudain le fou rire le prend / et il efface tout / les chiffres et les mots / les dates et les noms / les phrases et les pièges / et malgré les menaces du maître / sous les huées des enfants prodiges / avec des craies de toutes les couleurs / sur le tableau noir du malheur / il dessine le visage du bonheur

J'aimerais tellement avoir en main une photo, un programme, un entrefilet dans un journal pour être certaine que je n'ai pas rêvé cette soirée de poésie à la Palestre nationale, rue Cherrier à Montréal.

Loubnann : l'amour de mon père

Les voyages n'ont pas le même effet sur tout monde. Quand il est revenu du Liban après y avoir étudié une année, mon frère aîné était méconnaissable. Il ne l'a jamais avoué franchement, mais c'est évident que ce séjour avait été un fiasco. Il serait parti au bout de quinze jours s'il avait pu, mais il était inscrit à l'université et il a fait son temps, comme on le dit des prisonniers.

À l'extrême opposé, mon père était rayonnant en rentrant de sa patrie, il avait juste hâte d'y retourner. Sa propagande pro-libanaise avait déjà commencé depuis quelques années, il a juste redoublé d'ardeur. Prosélyte joyeux et enthousiaste, le paternel était maintenant sûr d'avoir dans sa manche les exemples les plus éblouissants qui feraient flancher n'importe quel renégat de notre espèce. On ne pouvait plus lui resservir des arguments massue : c'est beau dans ton imagination, mais la réalité c'est autre chose, ça fait des années que tu as quitté ton village, tu ne connaissais même pas Beyrouth et les Beyrouthins, tout le monde dit que ce sont des vantards, des hypocrites, des commerçants aguerris qui vont t'avaler tout rond, te soutirer jusqu'à ton dernier centime…

Depuis qu'il avait vu de ses yeux vu le pays rêvé, mon père était gonflé à bloc et pouvait convaincre n'importe qui de tout abandonner et de prendre le premier avion. Nos dollars tripleraient, le calcul était facile : 1 dollar = 3 livres libanaises. On pouvait manger et boire au bord de la mer pour trois fois rien, on n'avait qu'à se pencher pour cueillir les meilleurs raisins de l'univers ou à lever le bras pour déguster les plus belles oranges que Dieu a créées. «Et la somptuosité du paysage, c'est à pleurer, mes enfants, à pleurer, je vous dis. En plus, il fait beau, toujours beau, on peut nager dans une mer bleu azur et faire du ski le même jour, et on peut se l'offrir douze mois par année.» À croire que Tourisme Liban l'avait engagé pour noliser un avion rempli à ras bord de Montréalais de toutes origines.

Dans sa fougue et son emballement, il prenait mon frère à témoin, oubliant que ce dernier n'était pas de son bord. «Dis-leur que je n'exagère pas, que toi aussi tu as vu la beauté, toi aussi tu as dû penser que s'il y avait un paradis sur terre, c'est exactement là qu'il serait situé, au beau milieu du Mont-Liban, bien que la Bekaa ou même notre région ne seraient pas mal non plus. Y a-t-il au monde plus beau climat, ciel plus bleu, terre plus fertile, fruits plus savoureux ? Si vous aviez vu les gens, la générosité, l'hospitalité, des repas, des soirées qui n'en finissent plus, la musique, les chansons que je n'avais plus entendues depuis un millier d'années ! Oh Dieu, combien d'invitations j'ai dû refuser! Incroyable, où étais-je pendant tout ce temps? *Ya Allah*, la joie de vivre, j'avais oublié ce que c'était, la joie, le bonheur d'être vivant, sur terre, de boire un arak avec des amis, en grignotant des saveurs d'antan que je pensais à jamais disparues, mais c'est moi qui suis parti, eux sont restés là, et ils m'attendaient, dis-leur, ô mon fils, mais dis-leur, je t'en prie!»

Mon frère patinait, il ne disait pas le fond de sa pensée, il ne voulait pas le contrarier, sans doute, et lui laisser le temps d'arriver et de savourer son exaltation, c'est normal, on est excité quand on arrive de voyage.

Mon frère aîné n'était pas un garçon du soleil, mais de l'ombre, c'était un être délicat. Il m'a dit un jour:

— Là-bas, surtout à Beyrouth, tu entends quelqu'un parler et tu peux être sûr que quatre-vingt-dix pour cent de ce qu'il vient de te dire est faux, sauf que toi, t'es pas habitué, tu ne sais pas décoder ce monde que tu ne connais pas, alors t'es tout mêlé. Beyrouth, c'est une civilisation à elle seule, et seuls ceux qui y sont nés y comprennent quelque chose, et encore! On peut faire confiance à personne, même si, à première vue, ils sont si gentils, on pourrait tous leur donner le Bon Dieu sans confession. Les Beyrouthins sont des Levantins, des Méditerranéens, si tu préfères, donc des commerçants, pas des montagnards comme nous, des chèvres de montagne, en plus.

Je l'ai regardé, interloquée, «montagnard», c'est vrai, il y avait des montagnes tout autour de Aïn-Hirshy, OK, mais «chèvres»?

— Chèvre de montagne, c'est ce que signifie notre nom de famille, en français, m'a répondu mon frère.

Mon père n'est pas redescendu sur terre comme mon frère et moi l'avions espéré, sa fougue s'est maintenue : il préparait assidûment et sans faiblir le rapatriement des chèvres de montagne…

Journal, 22 avril 1963

J'espérais. Jusqu'à la dernière minute, j'ai prié. Ça n'a rien donné, ils sont partis. Ma mère, mes trois sœurs et mon frère. Nous sommes allés les raccompagner à la gare. Ma petite sœur de quatre ans s'accrochait à son papa qu'elle aime tant. Elle ne voulait pas le lâcher. Elle pleurait tellement que ma mère et ma sœur ne savaient plus quoi faire, mon père non plus. Je l'ai vu essuyer ses larmes, mon cher père, bien fait pour lui, qu'il pleure !

Mes larmes sont restées en dedans. C'est toujours comme ça avec moi. Je pleure beaucoup et longtemps, mais après... En plus, je suis incapable de pleurer un bon coup et qu'on en finisse, la peine me colle sur la peau et j'arrive jamais à la dégager complètement. Suis mal faite.

Nous sommes revenus dans notre maison sens dessus dessous. Les préparatifs avaient été intenses. Le train jusqu'à New York et puis le bateau pendant une vingtaine de jours, ça fait beaucoup de valises. Et comme le temps pressait, ils sont partis en nous laissant un beau bordel. En plus, nous devons nous occuper de notre propre déménagement.

Parfois je déteste la vie.

Nous allons habiter un petit appartement dans un immeuble qui appartient à ma grand-mère, coin Ville-ray et Papineau à Montréal, plein asphalte autour, pas une feuille verte, ni arbre, ni arbuste, ni plante, ni fleur. Je l'ai vu. C'est affreux. Nous serons quatre à nous ennuyer de notre famille, en plus de notre maison avec un joli parc en face, une cour arrière, plusieurs chambres et même un sous-sol transformé en séjour-salle de jeu. Je l'aime bien, cette maison, mais à quoi bon le dire ? C'est fini. On repart. Je déteste la vie.

Mes deux petites sœurs étaient tellement mignonnes, habillées avec des robes semblables, mêmes tissus, mêmes couleurs. Ça m'a fait penser à ma sœur et moi quand nous avons quitté notre village, avec des robes identiques…

Ça fait douze ans de cela, mais c'est la même histoire. On repart.

Cette fois, ce n'est pas pour aller rejoindre papa au Canada, mais c'est quand même pour faire ce que papa a décidé.

Parfois je déteste mon père.

Le roi Salomon est arrivé à ses fins. Il a tranché sa famille en deux. Cinq à Beyrouth, et quatre à Montréal.

Vivement un rôle à la télévision. Sinon j'éclate en morceaux. Ou je tue quelqu'un de ma famille.

Mes frères jumeaux

Ils se ressemblaient, ne pouvaient rien faire l'un sans l'autre, jouaient toujours ensemble, se chicanaient rarement, se battaient pour savoir qui était le plus fort ; d'égale force, ils se chamaillaient alors pour rire. Ils s'aimaient d'un amour à toute épreuve. Chacun défendait l'autre à l'extérieur comme à l'intérieur de la maison et se faisait punir à sa place. Ils étaient inséparables. Et ce que mon père a tenté de faire pour soi-disant les sauver de la délinquance : les séparer.

Je n'étais la jumelle de personne, et pourtant être éloignée de ma famille a été si dur que j'imagine facilement ce que mes deux frères ont vécu. Surtout pour celui qui est resté ici, qui n'avait pas la nouveauté pour le distraire.

On les appelait les jumeaux, mais ils ne l'étaient pas. Ils avaient un an et quelques mois de différence.

Avec ces deux frères-là mon père a fait la preuve de son incompétence en tant que parent, a montré à quel point il était dépassé pour élever ses enfants. Il était désemparé.

Ce n'était pas seulement la fracture entre générations, comme dans toutes les familles, mais la fracture entre cultures. Gestes, manières, coutumes, valeurs, rien ne correspondait à rien. Entre les jumeaux, qui étaient arrivés ici enfants, et leur père, qui ne voulait pas perdre son autorité et tenait à transmettre un tant soit peu ce qu'il était, rien ne passait. Et ce qui séparait l'Orient et l'Occident se creusait à force de dissidence, de controverse, d'incompréhension. Je n'aurais pas aimé me retrouver à la place de mon père, ni à celle de ma mère d'ailleurs, la mienne me suffisait amplement pour sentir la tension, la pagaille, l'irréconciliable. Quand la guerre est déclarée, difficile d'en faire abstraction et de revenir à la neutralité et à la bonne entente. Quoi qu'il fasse, mon père avait tout faux, et pour mes frères, la tradition, le respect, l'honneur, et toutes ces autres valeurs si importantes pour lui, n'étaient que du charabia.

La relation était gangrenée et irrécupérable. Le gouffre trop grand.

Mon père disait : « Si je n'arrive pas à trouver une solution, tes frères deviendront des bandits. » Il se frappait le visage comme j'avais vu faire les vieilles femmes au village, et il s'arrachait les cheveux et fumait. Non, quand il avait beaucoup de peine ou de rage, bayé n'arrivait même plus à fumer, il restait prostré et soufflait de tous ses poumons, la tête dans les mains, puis il se levait, le visage et le corps vieillis, et partait faire un tour d'automobile.

Vivre son adolescence dans un milieu comme le nôtre doublait ou triplait les difficultés. Le fils du prêtre orthodoxe condamné à la prison à perpétuité était un exemple terrible pour mon père, une vision d'horreur qu'il fallait éviter à tout prix. Jean-Pierre Ronfard a dit un jour dans une entrevue à la télévision : «Quoi qu'on fasse, on est toujours un mauvais parent.»

Mon père, un peu plus que les autres, je crois.

Sa grande qualité en tant que parent : il nous aimait. C'était un homme plein d'amour. Trop d'amour. Le «trop» ici est important parce qu'il définit mon père. Il était trop gentil trop bon trop faible trop dur trop angoissé trop seul trop généreux trop égoïste trop optimiste trop colérique trop malheureux trop orgueilleux trop impulsif. La voie du milieu, le sens de la mesure, connaît pas. « Si j'avais su, je n'aurais jamais été père », c'est ce qu'il disait parfois. Aucun de nous ne l'aurait contredit. Notre père était un saltimbanque, pas un père. Il avait un caractère fougueux, imprévisible. Il pouvait tout à coup exploser pour une broutille.

Il aimait s'amuser, raconter, avoir du monde autour de lui, briller, argumenter, se questionner, oublier et pardonner, lire et chercher désespérément le sens de la vie. Mais pas être contraint à s'occuper d'enfants – surtout d'adolescents qui ébranlaient ses fondements – avec tout ce que cela supposait de sacrifices. Il en a pourtant fait beaucoup, des sacrifices. À son corps défendant. Il n'a jamais accepté le pétrin dans lequel il s'est retrouvé. De son plein gré, il a fait venir sa famille dans un pays étranger. Après la mort de sa sœur, il aurait pu s'en retourner au Liban. Au village, il était dans son élément, toujours quelqu'un avec qui parler, avec qui rire, à qui raconter une histoire dans sa langue, avec un plaisir partagé.

Mon père avait autant de plaisir à construire qu'à détruire. Il était inconscient et inconséquent. L'avenir, le long terme, il comprenait ce que cela voulait dire dans les contes, les histoires, mais pas dans la vie.

De nous tous, c'est lui qui a le plus souffert de la migration.

Bayé était un rêveur avec un trou béant dans la poitrine. Le désir absolu de retourner dans son pays natal n'était peut-être qu'une tentative de colmater ce vide existentiel.

Quand ils ont été séparés, l'un à Beyrouth et l'autre à Montréal, mon père a dit que c'était la meilleure décision pour que mes frères ne soient plus une influence néfaste l'un pour l'autre. Je voulais bien le croire, mais je ne voyais pas du tout les résultats escomptés. Le frère resté ici ne s'est pas rangé, c'est même tout le contraire. Cette année-là, j'étais moi-même en proie à un tel accablement que je ne me suis pas aperçue que les mauvais coups, répétés, plus terribles chaque fois, il les faisait pour se faire envoyer au Liban.

Et il a réussi.

Mon père était à bout, vaincu. Il l'a alors envoyé, sans billet de retour, rejoindre son frère.

La gémellité était sauve.

Moitié là-bas, moitié ici

J'avais déjà commencé à travailler à la télévision, pas assez à mon goût, mais juste assez pour me dire que ma vie se dessinait doucement dans un métier que j'adorais. Manque de chance, c'est cette année-là que ma famille a été coupée en deux, et que je me suis retrouvée vivant seule avec mon père et deux de mes frères.

Pour une famille tricotée serrée comme la nôtre, c'était trop tôt pour se séparer, trop dur. À cette époque, mon bonheur et surtout mon malheur étaient intimement liés à ceux de ma famille.

Je ne savais pas ce qui arrivait aux cinq qui étaient au Liban, mais je m'ennuyais d'eux terriblement. Mon père leur écrivait lettre après lettre, et ne recevait que de rares réponses. Nous présumions qu'ils étaient heureux, mais eux ne savaient pas que nous étions malheureux. Suis sûre que bayé leur racontait que tout allait bien, c'était bien son genre d'embellir la réalité. Plus le temps passait, plus notre moral déclinait. Malheureux, nous l'étions. Père y compris. Il semblait parfois prêt à avouer qu'il s'était trompé. Il fumait, soupirait et finissait par dire que c'était la seule chose à faire.

La séparation de la famille ne devait pas durer deux ans. Jamais de la vie ! Dans l'esprit de mon père, c'était pour faciliter le grand retour. Partir tous à la fois aurait été trop difficile, d'après lui. Et de toute façon, nous n'avions pas assez d'argent, il fallait attendre d'avoir vendu les magasins. Sauf que les magasins ne se vendaient pas et que le commerce périclitait à vue d'œil.

Portrait de la famille restée ici : mon jeune frère a perdu son compagnon de jeu et de mauvais coups, il erre comme une âme en peine et se révolte en commettant des actes répréhensibles ; l'aîné n'est pas dans son assiette depuis son séjour au Liban, et le départ de la moitié de la famille n'a rien arrangé à son mal de vivre, bien au contraire ; mon père, qui est parfois déprimé, parfois si anxieux qu'il reste éveillé nuit après nuit à marcher dans l'appartement, affirme que tout va bien ; et pour moi, ça ne va guère mieux. Je me sens divisée, écartelée, en attente. Je ne sais plus ce que je vais devenir, mon début de carrière, complètement gâché par cet ennui qui s'abat sur moi, mon incapacité d'aller et venir à ma guise, et ce sentiment affreux d'être emprisonnée et victime de la vie.

Je crois que c'est à ce moment-là que j'ai commencé à prendre cette fâcheuse habitude d'absorber le chagrin des autres, leurs souffrances. Si mon frère, par exemple, ne se sentait pas bien, je n'arrivais pas à passer outre, je m'engloutissais dans son mal-être. Petite, c'était le contraire, je cueillais la moindre parcelle de joie.

Mon frère et moi, nous nous ressemblons beaucoup : nous pouvons facilement nous noyer dans un verre d'eau... Nos goûts aussi sont les mêmes : lire, réfléchir, parler d'histoire et de philosophie, regarder, contempler ; tranquilles, quoi. La grande différence entre nous, c'est que les mots que je lis, j'aime les dire à haute voix pour que d'autres les entendent. Lui, non. Il aime lire et écrire pour lui-même, pour se tenir compagnie. Il est sélectif, aime une personne ou deux, alors que j'aime beaucoup de monde, le monde entier. J'aime les gens, les entendre parler, même si je n'aime pas toujours ce qu'ils disent, j'aime les regarder, les observer, je les aime à distance, en pensée...

Moi, j'avais un engagement de temps en temps, ça ouvrait mon cœur sur autre chose, j'oubliais mon apathie pour un bout. Mon frère, lui, n'arrivait pas à se reprendre, à retrouver une vie, la joie. Il avait juste un ami, un immigrant libanais comme lui, il le voyait parfois.

Nous travaillions dans un *nowhere* poussiéreux six jours par semaine, nous haïssions le magasin, autant l'un que l'autre. Alors qu'avec ma sœur, je n'avais aucune possibilité de me vautrer – elle m'obligeait à travailler, le temps passait plus vite –, avec mon frère, nous avions les mêmes défauts, nous nous laissions happer par la tristesse et le malheur.

Nous étions tous les deux dans l'expectative d'on ne sait quoi. Dans l'incertitude. Neuf heures par jour et douze heures les jeudis et vendredis − identiques, sans relief, sans surprise, enfermés. Parfois, une cliente sympathique nous racontait quelques histoires drôles ; à la radio, *Psychologie de la vie quotidienne*, émission beaucoup trop courte, nous intéressait, et *Les joyeux troubadours* nous divertissaient. Même lire devenait une corvée. Notre monde était terne, notre vie était en suspens : les limbes, ça devait être ça, les limbes… sauf les moments où j'avais un rôle à la télévision, ou un cours de théâtre chez madame Fédor.

Pendant cette longue attente, à moitié là-bas, à moitié ici − qui ne devait durer que quelques mois −, pendant ces deux années interminables, dont nous espérions la fin autant que nous l'appréhendions, nous avions une fois de plus perdu nos repères. Nous sentions à nouveau l'ébranlement, la précarité, la fragilité, comme si nous ne savions plus où mettre les pieds pour éviter de glisser et de se casser la figure. Notre vie était devenue une feuille de papier froissée, et malgré tous les efforts que nous faisions pour la lisser, les marques restaient là, tenaces.

Nous nous sentions en deuil sans savoir ni de qui ni de quoi. Nous étions redevenus des exilés, unijambistes par surcroît, un pied ici, un pied là-bas.

Journal, 9 février 1964

Ça fait presque un an que la moitié de la famille est au Liban. Je m'ennuie tellement d'eux. Surtout de maman. Je fais tout pour ne pas penser à elle. Quand j'y pense, j'ai juste envie de pleurer. Mais là, bonne nouvelle, ma sœur va revenir. Dans une semaine exactement. Papa dit que si ça continue comme ça, le magasin va faire faillite et qu'un magasin en faillite ne se vend pas.

Ça fait plus d'un an qu'il est à vendre. Y a pas un chat qui le veut, personne est venu s'informer du prix. N'importe qui avec un peu de jugeote choisirait un centre d'achats tout neuf pour un commerce de détail. Y en a partout maintenant, et les clients les aiment, ils sont toujours rendus là. Mon frère et moi, on n'en peut plus. On se sent des incapables, des bons à rien. On n'a pas la bosse des affaires comme on serait supposés. Avec ma sœur, ça va aller mieux.

Madame Fédor m'a dit que j'avais l'air très fatiguée et que je souffre peut-être d'anémie. Elle a raison. J'ai des cernes autour des yeux, je me couche tôt et pourtant j'ai sommeil toute la journée. Je suis laide ces jours-ci et je suis grosse. Et je m'ennuie. L'autre jour, j'ai demandé à Rachidi et Olga : pourquoi vivre, pourquoi on vit ? Elles m'ont regardée comme si je déraillais. Pourtant toutes les deux sont des déracinées comme moi, il me semble que nous qui venons d'ailleurs, les questions existentielles, c'est notre pain quotidien. Mais ç'a pas l'air d'être leur cas. Rachidi et Olga viennent de la seule famille libanaise amie avec la nôtre, débarquée presqu'en même temps que nous. Ma sœur est amie avec la plus vieille, mon frère avec leur frère, et mes parents avec les leurs. On les aime. Ils sont francophones comme nous, ça aide. La seule différence entre leur famille et la nôtre, c'est que leur père n'a pas le désir comme le mien de réparer l'irréparable, ni leur mère : ils n'ont pas l'intention de s'en retourner dans leur pays. Ce qui fait que le tremblement intérieur que je sens depuis, Rachidi et Olga ne le vivent pas. Leur vie est plus agréable.

J'en reviens pas. Qu'elles soient scandalisées par cette question : pourquoi vivre ? Comme si je blasphémais. C'est normal, il me semble, de se poser des questions, immigrants ou pas, retour ou pas. Elles n'ont pas répondu. Même pas : euh, je sais pas, laisse-moi réfléchir. Rien. Pour elles, cette question ne se pose pas. On vit. C'est tout. Je pense que l'une d'elles a évoqué Dieu. La même langue, c'est supposé aider pour se comprendre, c'est certain, mais il y a des couches encore plus profondes que la langue, comme les expériences et les souffrances vécues. Une mère qui a perdu son enfant reconnaît sa propre souffrance dans les yeux d'une autre qui a perdu le sien, pas besoin de parler la même langue. Je croyais qu'elles sentiraient mon angoisse. Mais pas du tout. Des fois, je me sens vraiment seule.

Même si je la trouve importante, cette question, je n'ai pas de réponse. Sauf quand je suis dans une salle de répétition ou en studio, et que je travaille : on dirait que là je sais pourquoi la vie. Ce qui est bizarre, c'est que dans ces moments-là je ne me pose même pas la question, je suis heureuse, je vis, c'est tout.

On dirait que mon frère va mieux.

Tout à l'heure, il m'a appelée, j'étais dans ma chambre. «Viens voir les Beatles, ils passent au *Ed Sullivan Show*.» J'ai couru. Mon père a critiqué leurs cheveux, mon frère et moi, on a bien aimé. Ça m'a fait penser à Elvis Presley qu'on avait vu en famille en 1956 ou 1957, on habitait sur Plateau-Ouimet, à Sainte-Rose. C'était la belle vie !

J'ai hâte que ma sœur arrive.

Vendre des tomates

Louis-Georges Carrier, connu pour les nombreux téléthéâtres qu'il a réalisés, m'a dit un jour : «Faut que tu choisisses entre vendre des tomates ou être actrice.» Elle a l'air de rien cette phrase, mais elle a changé ma vie. Pas sur-le-champ ni du jour au lendemain, mais j'ai compris quelque chose de fondamental par rapport à l'art, à la vie. Moment crucial de ma jeune existence.

Jeune comédienne, à part la mort subite de ma famille entière, je ne voyais pas ce qui pouvait m'arriver de pire que de ne pas exercer mon métier que j'aimais tant.

Quand je n'avais pas d'engagements, j'allais frapper aux portes des réalisateurs.

Toutes les actrices de mon âge savent ce que veut dire frapper aux portes, faire le tour des bureaux des réalisateurs, elles connaissent ce pénible magasinage à l'envers, ce chemin de croix, obligatoire, si on veut travailler.

Seuls ceux qui sont restés des mois à chercher du travail peuvent saisir la difficulté que ça représente. Cela dit, nous ne pouvions pas nous cacher derrière nos *curriculum vitæ*, les envoyer et attendre en espérant une entrevue, nous, jeunes acteurs, n'avions pas encore de CV, et nous devions cogner et cogner encore aux portes pour bousculer le destin et le faire pencher en notre faveur.

En plus, il fallait trouver des trucs, une manière originale, surprenante de se présenter, il fallait réveiller l'imaginaire de «l'acheteur», à tout prix capter son attention, l'intéresser, et surtout faire en sorte qu'il ne nous oublie pas.

Les pauvres réalisateurs, je n'aurais pas voulu être à leur place. Comment faisaient-ils pour ne pas crouler devant tant de demandes? Tous les acteurs meurent d'envie de jouer!

Il fallait aussi trouver comment ne pas s'évanouir, ne pas se sentir diminué, ne pas avoir l'air de quémander. Il fallait pouvoir garder la tête haute, ne pas avoir honte. Se dire qu'ils ont besoin de nous autant que nous avons besoin d'eux. Rester digne. Après la quatrième ou cinquième porte ouverte ou fermée, ces résolutions avaient déjà du plomb dans l'aile, le découragement me gagnait: pourquoi je suis venue, ça ne sert à rien, je me sens ridicule.

Demandez à une actrice de travailler comme une malade, mais, s'il vous plaît, ne lui demandez jamais de frapper aux portes. À la rigueur, demandez-lui de passer des auditions. Parce que passer une audition, c'est travailler, préparer une scène dans un court laps de temps, donner corps et intelligence à une ou deux pages sorties de nulle part, interpréter ce qui se cache entre les lignes, c'est un plaisir, en comparaison des visites inopportunes à d'éventuels employeurs. Bonjour, je me présente, j'ai fait ceci ou cela.

Les agents d'artistes n'existaient pas, et pour être convoqué à une audition, il fallait que le réalisateur sache que tu existes et te fasse demander en passant par le service des auditions de Radio-Canada.

Parfois, je m'arrêtais en plein milieu du corridor, consciente de l'absurdité de cette mascarade. Je comprenais pourquoi tant de bons acteurs abandonnent ce métier.

Mais il arrivait que les rencontres soient amusantes. Un jour, je vois sortir Louis-Georges Carrier en coup de vent de son bureau. Je l'interpelle nonchalamment tout en continuant à marcher :

— J'espère que c'est au service des auditions que vous courez comme ça, monsieur Carrier.

Il se retourne et me regarde, moi aussi j'ai ralenti le pas.

— Au service des auditions ? Et pourquoi donc ?

— Parce qu'il y a beaucoup de jeunes comédiens qui se morfondent à attendre que quelqu'un daigne les regarder et apprécier leur travail.

— Se morfondre, daigner. Beau langage !

Un petit rire moqueur et il continue son chemin. Et moi le mien, tout droit au magasin, très contente de ma sortie. Après tout, qu'est-ce que j'ai à perdre, Louis-Georges Carrier, j'ai beaucoup d'admiration pour lui et j'aimerais un jour travailler avec lui, mais il ne sait pas qui je suis, je ne lui ai même pas dit mon nom.

Quelque temps après, je reçois un coup de fil du service des auditions : il faut que je vienne chercher un texte, c'est une audition très importante parce que monsieur Carrier n'a choisi que cinq actrices, et que je suis l'une d'elles.

Peut-être que ma petite sortie dans le couloir n'a pas seulement servi à me défouler… Je suis folle de joie. Jouer *Antigone* de Jean Anouilh, c'est un rêve.

Je ne suis pas allée à l'audition.

Ça peut paraître absurde, après tout ce que j'ai dit de mon désir de jouer. Le rôle d'Antigone, sur un plateau d'argent ! Je m'étais préparée, j'avais répété ce texte qui était un plaisir de chaque instant, j'étais faite pour ce rôle de sacrifiée, de celle qui met sa vie en jeu pour que son frère ait une sépulture digne de son rang, et voilà que je me sacrifiais. Idiote que je suis. Je ne suis pas allée au rendez-vous qu'un réalisateur chevronné m'avait donné.

Le jour de l'audition, il n'y avait personne pour me remplacer au magasin. J'aurais pu mettre la clé dans la porte, la tourner et m'en aller. Longtemps, j'ai voulu croire que c'était le magasin qui m'avait retenue, notre habitude et notre attitude de marchand, de fille de marchand, qui garde sa boutique ouverte quoi qu'il arrive.

Je travaillais avec mon frère aîné, depuis que ma sœur était au Liban avec le reste de la famille. Et mon frère avait disparu. Il n'était pas rentré à la maison ni au magasin depuis deux jours et deux nuits. Il allait de mal en pis, était de plus en plus perturbé, intenable, méconnaissable, son délire avait commencé. J'attendais le téléphone de l'hôpital ou de la police, et j'étais démoralisée. J'avais trop de peine. Pas encore, s'il vous plaît, mon Dieu. J'étais bouleversée. J'avais tant espéré que ça n'arrive plus jamais. Mon père était si malheureux qu'il faisait mal à voir. Son fils aîné, son fils bien-aimé, encore une fois dépossédé de lui-même, mon grand frère si gentil que j'aimais tant, encore une fois catapulté dans un autre monde, d'où il reviendrait méconnaissable et honteux, s'il en revenait.

Et j'étais seule. Seule dans ce magasin désert. Seule au monde et endolorie. Chaque minute je sentais mon corps s'appesantir un peu plus, et mon audition s'évanouir lentement. Chaque instant accroissait le risque de ne pas arriver à temps. Mon corps s'ankylosait ; s'il était entré quelqu'un, je l'aurais laissé faire à sa guise, prendre ce qu'il voulait et sortir sans payer.

J'avais travaillé la pièce, j'étais sûre qu'Antigone était un rôle pour moi, et pourtant, je ne suis pas allée passer l'audition parce que j'étais certaine que je n'aurais pas obtenu le rôle en raison de l'état dans lequel j'étais. J'avais démissionné avant de me battre. J'avais renoncé avant de tenter ma chance.

Longtemps j'ai cru que c'était à cause de mon frère, mais ce n'était vrai qu'en partie.

Je n'avais plus confiance en moi. Je préférais être celle qui s'en va avant qu'on la mette à la porte.

Je savais que l'actrice que j'étais n'arriverait pas à surmonter le marasme dans lequel elle se trouvait. Je n'avais pas l'étoffe des grandes qui, malades ou pas, entrent en scène ou passent une audition et jouent leur rôle à la perfection. Je ne l'ai peut-être jamais eue, sinon je ne me serais pas laissé arrêter en chemin. Les problèmes familiaux avaient peu à peu réussi à m'envahir, je n'arrivais plus à m'en dégager. La confiance en moi que j'avais quand j'étais enfant avait été sapée petit à petit sans que je m'en aperçoive.

Aujourd'hui je sais que si j'étais allée passer l'audition – même si je n'avais pas obtenu le rôle –, j'aurais choisi mon art, j'aurais choisi *ma* vie au lieu de m'engloutir dans celle des autres. Mais je me suis laissé anéantir. Sans y prendre garde, j'avais glissé dans le malheur, dans la résignation et la victimisation.

Louis-Georges Carrier avait raison : je n'avais pas vraiment choisi d'être actrice.

Après cet épisode enténébré – que je ne comprends pas encore tout à fait –, je suis retournée à Radio-Canada. Et c'est là que j'ai essuyé cette rebuffade : « Il faut que tu choisisses entre vendre des tomates ou être actrice. » Carrier ne voulait pas entendre mes raisons ni mes explications, qu'il balayait du revers de la main, c'était fini, il ne me prenait plus au sérieux. Il m'a carrément mise à la porte : va vendre tes tomates. Je l'avais vexé et déçu, il ne m'aurait pas donné un troisième rôle, pas même une figuration.

Peu importe, il m'a offert la phrase coup de poing qui a changé ma vie en me faisant comprendre qu'un art, quel qu'il soit, ne tolère aucune demi-mesure.

VI

L'angoisse du retour

Artéfacts

Un sac de plastique rigide avec une poignée dans lequel se trouve une énorme enveloppe, déchirée à plusieurs endroits, contenant tout ce qu'on peut imaginer d'imprimé sur papier et vieux de cinquante ans : des coupures de journaux en français de Montréal et en arabe et en français du Liban, une revue où j'apparais en page couverture, un programme d'exposition de peinture avec mon portrait, de nombreuses enveloppes d'ordonnances et de résultats d'analyses, et une quantité de photos prises par des photographes professionnels. Mon Dieu, tant d'années me séparent d'elle, et je la reconnais encore, parce que je sais que c'était moi.

À la première lecture, ce qui est écrit là semble parler de quelqu'un d'autre, mais en le relisant, la mémoire se remet en branle, ça me revient par bribes et par exclamations. Une entrevue dans *Photo Vedettes* datée du 2 janvier 1965 : *Son premier souci en arrivant fut d'apprendre le français. Elle n'est pas séparatiste, mais elle croit que les Canadiens français ne devraient parler dans leur province que le français, de sorte que les gens d'autres nationalités se verraient obligés de parler français.*

Première exclamation : le mot « séparatiste ». J'étais persuadée que l'idée d'indépendance, de séparation du Québec était arrivée plus tard. Deuxième étonnement : pour que j'en parle au journaliste, l'importance de conserver la langue française devait déjà me préoccuper. J'entrevoyais que l'assimilation à la culture anglaise était très probable si on ne faisait rien. Le docteur Camille Laurin a dû lire l'appel plein de sagesse de la petite immigrante que j'étais, et s'en inspirer ! Troisième surprise : elle vient tout juste de devenir membre de l'Union des artistes. Quatrième sourire : elle veut jouer les jeunes premières, mais on lui donne des rôles d'Indienne. *C'est à cause de mon teint brun, de mes longs cheveux très noirs, et de mes tresses.* En effet, à regarder les cinq photos accompagnant l'article, on voit que cette fille n'a pas besoin de perruque ni de maquillage pour jouer une Indienne. Une Indienne imaginée, il va sans dire, car je n'avais jamais rencontré une vraie Indienne de ma vie, comme bien des téléspectateurs.

Le *Journal des vedettes* du 30 janvier 1965… J'ai complètement oublié que j'ai fait le mannequin pour la maison Dupuis. Chapeau, tailleur, robe du soir, etc., en six photos. J'ai ri. Que faire d'autre ?

Ma toute première entrevue pour un journal est datée du 29 mars 1963, elle paraît dans *Le peuple*, qui existe encore dans certaines régions du Québec. Dans cet article, j'apprends qu'Anne-Marie – mon personnage dans *La Balsamine* – tombe amoureuse de l'Haïtien

Amable, interprété par Jean Nécastille. Et moi qui pensais que Kim Yarochevskaya et moi-même, nous étions les deux seules actrices à venir d'ailleurs. J'apprends aussi que *j'aime vivre. La vie est parfois difficile, mais elle demeure tellement passionnante. Je considère que le combat est facile quand on aime son métier! Ma grande ambition? Jouer le rôle-titre dans* Tessa *de Giraudoux!*

Recopié tel qu'écrit sur papier journal en noir sur blanc devenu sépia avec le temps.

Mais le plus émouvant, c'est de retrouver ce cahier épais à couverture noire qui date de 1960 et dans lequel je sens l'âme de la jeune fille que j'étais. J'ai tout lu, de bout en bout, l'écriture change sous mes yeux, et le style aussi. Lettres régulières bien formées des débuts, qui deviennent presque illisibles à la fin du cahier. Entre le début et la fin de ce cahier, de 1960 à 1965, ce n'est déjà plus la même fille, ni le même pays, on dirait. Ce qui me surprend aussi, c'est son intérêt pour la politique, la justice sociale.

Même si elle ne va plus à l'école, elle lit énormément, ce qui contribue à enrichir son vocabulaire et se traduit parfois par des tournures calquées sur ses lectures. Son désir d'apprendre est grand, et symptomatique de ceux qu'on a retirés de l'école sans leur consentement. Elle s'accroche aux mots, si elle en apprend un nouveau et arrive à le placer dans son journal, elle est contente, ça veut dire que tout n'est pas perdu.

C'est dans ses mots que je retrouve celle que j'étais, un peu plus que sur les photos. Les photos sont presque toujours belles, mais ce que je lis est empreint de souffrance, de questionnements et de ce qu'elle est incapable de dire. J'arrive à imaginer ce qu'elle ne dit pas.

Tout au long du journal, elle n'écrit jamais « m'ma » ou « bayé » pour parler de son père et de sa mère, mais « maman », « papa ». On ne lit jamais un mot d'arabe. Jamais. Même pas une transcription phonétique. Comme si elle voulait effacer toute trace de sa langue maternelle, de ce qu'elle a été, de ce qu'elle est. Si un étranger lit ce journal, il ne s'imaginera jamais que cette fille et sa famille sont des immigrants. On ne retrouve presque jamais ce mot. Elle parle du village de son enfance, une fois, et bien sûr du retour qu'elle appréhende. Elle écrit rarement « Liban », mais plutôt « le pays de mon père ».

Elle ne rêve jamais d'amour ou d'amoureux. On dirait que cet aspect de sa vie est complètement inexistant, ou occulté.

On a l'impression qu'elle cache des choses, comme si elle avait peur que quelqu'un lise son journal.

J'ai été surprise en découvrant son ami René. Au début, j'avais complètement oublié qui il était, j'ai même pensé qu'elle l'avait inventé, et puis, ça m'est revenu avec l'épisode du mariage.

Journal, 10 avril 1964

J'ai dix-neuf ans aujourd'hui. Je suis contente parce que j'ai un rôle dans *Ti-Jean Caribou*. Le réalisateur Jean-Yves Bigras, ce n'est pas la première fois qu'il m'engage. Je jouerai le rôle d'une Indienne, c'est sûr. Et j'ai aussi un second rôle dans un téléthéâtre qui sera réalisé par Jean Faucher.

Depuis que ma sœur est revenue, je suis plus tranquille quand je pars jouer. Pour ma fête, ma sœur m'a dit que si je voulais rester à la maison, ça ne la dérangerait pas d'aller toute seule au travail. Je lui ai dit non, mais que j'irai à la librairie m'acheter un livre. Elle a dit : tu pourras même t'en acheter deux, c'est ta fête. Cette librairie est vraiment un refuge pour moi. Un *havre de paix*. Nouvelle expression. Depuis qu'elle est ouverte, on dirait que le boulevard Lévesque est plus agréable. C'est en biais par rapport à notre magasin, j'y passe quelques minutes ou une ou deux heures, la libraire est très gentille, elle me laisse regarder et lire autant que je veux, sans même m'obliger à acheter. Mais j'achète souvent. Quand je travaillais avec mon frère, on se relayait. Un jour, c'était lui qui y allait, le lendemain c'était moi. Avec ma sœur, c'est pas pareil, la lecture, ça fait pas partie de ses amours. En ce moment, il y a un beau gars qui lui tourne autour, il vient au magasin pour un oui pour un non. Sa mère doit être contente, il lui fait toutes les commissions qu'elle veut. Je suis sûre que sa mère doit se dire qu'il y a anguille sous roche.

Ça fait longtemps que j'ai pas vu mon ami René. Il n'habite plus Saint-Vincent-de-Paul. Il étudie la philo à l'Université de Montréal. Je repense quelquefois à l'été où il venait au magasin. À nos lectures de poésie. Il me manque, nos conversations et les livres qu'il m'apportait aussi. C'est la seule fois que je suis sortie avec un garçon. Et ce n'était même pas un chum. J'ai déjà dix-neuf ans! Je trouve ça déplorable. Et pour vrai, ce n'est pas ce qui me fait le plus de peine en ce moment.

Toute ma vie. On dirait que tout est gâché. Tout.

Je pense souvent à mon enfance ces jours-ci.

Quand j'étais petite, j'allais chercher de l'eau à la fontaine du village. Y en avait seulement à la fontaine, et elle coulait tellement lentement qu'on avait le temps de jouer autant comme autant. Mais on ne pouvait pas s'éloigner, sinon quelqu'un risquait de déplacer ta cruche et de mettre la sienne sous le filet d'eau. Maman disait: quand la cruche sera pleine, appelle-moi, je viendrai la prendre. Notre maison était à deux pas de la place du village où se trouvait la fontaine, mais une grosse cruche en terre cuite, même vide, c'était trop lourd pour une fillette de six ans. Quand d'autres filles attendaient avec leur cruche, on s'amusait, sinon je sautais sur place en jouant à un jeu qui ressemblait à ciel purgatoire enfer.

Quand je pense à mon enfance, une grande tristesse m'envahit. J'ai perdu à jamais cette légèreté, cette joie pure de sauter à cloche-pied en poussant du bout du pied un caillou comme si c'était la chose la plus importante du monde.

Dix-neuf ans ! Tout me tire vers le bas.

Si le magasin finit par se vendre, j'irai voir mon village… tout le grand dérangement famille ici, famille là-bas, toutes les peines et les misères n'auront pas été totalement inutiles, au moins je reverrai mon village d'enfance…

Journal, 17 décembre

Madame Gravel vient d'appeler, elle dit que notre magasin est en train de brûler. Ma sœur a crié à mon père qu'il fallait y aller, et vite. Ils ont pris leur manteau et se sont précipités dans l'escalier puis dans l'auto qui est parquée juste devant. Ils n'ont pas voulu m'attendre. Je suis donc restée en pyjama et suis retournée dans mon lit. Madame Gravel, c'est notre voisine qui tient un restaurant avec son mari, c'est pas le genre de femme à faire des farces. On lui a donné notre numéro depuis que nous habitons à Montréal, un soir elle nous a téléphoné pour dire qu'il y avait de la lumière au magasin, papa y est allé. Elle avait raison, des jeunes avaient cassé la vitre à l'arrière et étaient entrés, ils ont volé le fond de caisse, même les cennes noires et aussi sûrement bien d'autres choses, mais papa n'a pas pu savoir quoi.

Le magasin incendié… J'ai tellement désiré qu'il brûle, ce maudit magasin, et maintenant je me sens mal. C'est notre travail quand même. Ça fait des années qu'on travaille fort… J'espère que ce n'est pas trop grave, que les pompiers ont réussi à… comment on dit ça déjà… encercler dompter contenir le feu. L'arrêter l'éteindre. Avec l'eau, c'est foutu. Toute la marchandise sera mouillée et invendable. C'est ce qui est arrivé à notre magasin de Sainte-Rose : un immense dégât d'eau. Le toit du magasin s'est écroulé, tout était à jeter.

La malchance nous court après depuis quelque temps.

Si on n'a pas d'assurance incendie, si papa n'a pas pensé à assurer le magasin, et cela ne me surprendrait pas, on va redevenir aussi pauvres qu'à notre arrivée. Il nous reste un magasin de chaussures où mon père et mon frère travaillent. Un seul magasin pour faire vivre une famille au Liban et une ici. Je ne voudrais pas être à la place de mon père.

On dirait que le retour, ça va venir bien plus vite qu'on pense… Je pourrais crier : oh mon Dieu oui, ou : oh mon Dieu non, avec la même force.

Depuis un bon bout de temps, je sens que je suis au bord d'un précipice. Le métier d'actrice est extrêmement difficile. Mon oncle me l'avait dit. Je ne le croyais pas. Je commence à réaliser que c'est vrai. L'idée de retourner au pays de mon père ne me sourit pas, rester ici, pas davantage. Je me vois maintenant telle que je suis. Je sais que je ne suis pas très bonne. Il me faut travailler longtemps et durement pour donner quelque chose de valable. Je n'ai pas assez d'engagements. Au lieu d'avancer, je recule. Pour l'émission *Le grand duc*, j'aurais pu être cent fois meilleure. Je n'ai pas été très bonne.

Plus je vieillis, moins j'ai confiance en moi. Ça devrait être le contraire, il me semble. L'image que j'ai de moi se fendille. L'idée que j'ai de moi-même a pris une méchante débarque. Je ne sais pas quand j'ai commencé à me perdre. Et pourquoi? Qu'est-ce qui est arrivé dans ma vie? Mon frère malade, mon père inconséquent, ma famille coupée en deux, notre retour au pays de mon père. Est-ce que c'est assez pour me faire perdre confiance? Je sens parfois que j'ai trop de peine, mais je n'arrive pas à savoir d'où elle vient, cette peine, et comment l'arracher de ma poitrine. Cette lourdeur, ce chagrin… on dirait que je ne me reconnais plus.

En lavant la vaisselle tout à l'heure, avant le téléphone de madame Gravel, je rêvais comme seul un enfant peut rêver… j'aimerais tellement travailler au moins une fois avec Louis-Georges Carrier, pour me racheter, pas seulement à ses yeux mais surtout aux miens. Je serai malheureuse de quitter le Canada pour plusieurs raisons, et l'une d'elle est ce fiasco du rôle d'Antigone… C'est ma faute, c'est ma faute, c'est ma très grande faute, c'est pourquoi je supplie la Bienheureuse Marie toujours vierge, saint Michel l'archange, saint Jean-Baptiste, les saints apôtres Pierre et Paul, tous les saints et vous, mon Père, de prier pour moi le Seigneur notre Dieu… (L'acte de contrition, je m'en souviens encore!)

Je sais que ça ne se fera jamais, pas juste qu'il ne voudra pas m'engager, mais parce que je serai partie dans peu de temps. Oh mon Dieu! J'ai juste envie de pleurer.

Je me suis réveillée en sursaut en hurlant: il faut en finir, il faut en finir, avec tout — j'avais l'accent de maman quand elle parle français. Dans mon rêve, c'est moi qui avais mis le feu au magasin. J'ai frotté deux allumettes et je les j'ai jetées sur l'arbre de Noël illuminé. Il y a eu court-circuit. Ma sœur était sortie chercher une tarte au citron au restaurant de nos voisins, les Gravel. En rouvrant la porte, elle a crié: «Mais qu'est-ce que tu as fait, tu es folle?» J'étais en furie et je criais: «Il faut en finir, il faut en finir avec tout.»

J'avais encore le son étouffé dans ma gorge. Pendant un moment, j'étais sûre que c'était vrai, et pas un rêve. J'étais complètement à l'envers.

Je m'étais endormie à plat ventre sur le lit, la lumière allumée, quand ma sœur est arrivée vers minuit. Je l'ai regardée, je le savais. Elle a juste dit: tout est perdu.

Papa était déjà dans la cuisine en train de se faire du café. C'est la seule chose qui le calme, se faire du café et le boire en fumant, se refaire du café, le boire et aller dormir. L'insomnie due au café, il ne connaît pas ça. Il va s'asseoir au salon avec quelques petites tasses en plus pour qui voudrait l'accompagner. Nous ne pouvons que boire avec lui. C'est bizarre, il a l'air moins désemparé que devant les problèmes avec mes frères, qui lui semblent toujours insurmontables. Là, il est sombre, hébété, et il répète : « Qu'est-ce qu'on va faire ? Quel coup, oh mon Dieu ! »

Ma sœur a parlé de malédiction divine, et qu'est-ce qu'on a fait au bon Dieu ! Elle m'énerve, celle-là, quand elle se met à sortir ses grandes déclarations bibliques, ses phrases toutes faites. La vie, y a tant de choses qu'on ne comprend pas. Je déteste cette façon de mettre Dieu à toutes les sauces. Une mauvaise action, paf, Dieu est là et nous punit, comme s'il n'y avait que nous sur terre et que Dieu n'avait rien d'autre à faire que de nous punir. On n'a rien fait de mal, RIEN PANTOUTE, on était à la maison après une longue journée de travail, la vie, est-ce que quelqu'un la comprend ?!

Mon père s'est refait une autre cafetière, même si on lui a dit que. On l'a accompagné, que pouvait-on faire d'autre ? On tournait autour des mêmes questions. Qu'est-ce qu'on va faire ? On a perdu Sainte-Rose, et puis là, le feu à Saint-Vincent, il reste le magasin de chaussures, mais c'est pas assez pour faire vivre toute la famille… Puis mon frère a parlé de l'assurance incendie, est-ce que nous en avions une ? On s'est tous retournés vers notre père. Oui. Il a contracté une assurance depuis des années. « Mais est-ce que tu continues à payer ? » lui a demandé mon frère. Je n'ai jamais arrêté, a dit mon père, parce qu'on ne sait jamais, dans notre pays, ça n'existe pas, les assurances, mais ici, oui, alors je me suis dit, pourquoi pas.

On a fait ouf tous les trois.

On était étonnés de voir que papa peut parfois être prévoyant. On a respiré. Il avait été si chaviré de voir notre magasin flamber qu'il a pensé à toutes nos années de travail qui se transformaient en lambeaux calcinés, mais pas à la police d'assurance.

«Tout n'est pas perdu puisqu'on aura un peu d'argent pour le Liban», a dit ma sœur. Mon frère et moi, on s'est regardés. Le Liban, c'était notre point d'interrogation, pour ne pas dire notre angoisse commune.

On est tous allés se coucher avec un peu d'espoir à cause de l'assurance. Dieu ne ferme pas toutes les portes à la fois, aurait dit ma mère, si elle avait été là… J'aurais tant aimé qu'elle soit là.

À cause de mon cauchemar, je n'arrivais plus à me rendormir. Pour ne pas réveiller ma sœur, je suis venue au salon avec mon cahier. Heureusement que je l'avais rapporté à la maison (je ne sais pas pourquoi), sinon toutes les années où j'ai écrit mon journal, pas tous les jours, j'étais parfois des mois sans écrire, mais quand même, si ça avait brûlé avec tout le reste, j'aurais été malheureuse.

Seule dans ce petit salon, où on vit en attendant, depuis bientôt deux ans, je ne peux pas m'empêcher de me demander : qu'allons-nous devenir ? On ne peut pas toujours vivre en attendant. Toute notre vie est si instable. On dirait qu'on revient à zéro, comme si on venait d'immigrer, et dans peu de temps on émigre à nouveau, on repart. On dirait que c'est pire mille fois pire depuis que maman n'est plus là. C'est toujours son image qui me revient. Je pense à elle comme si je ne la reverrais jamais plus. Je me demande ce qui va nous arriver dans un an ou même demain. Est-ce que nous trouverons enfin la place où habiter, demeurer ? La place, non, le pays.

Journal, 10 avril 1965

J'ai vingt ans aujourd'hui. Pas de fête, pas de gâteau. Je me sens sur le qui-vive et mal dans ma peau. Pas parce que personne m'a fêtée, ça je m'en fiche, je suis habituée, c'est parce que nous sommes encore dans l'attente… Nous avons attendu deux ans que le magasin se vende et maintenant qu'il est calciné, nous attendons encore… que la compagnie d'assurance nous indemnise. Ça traîne en longueur et nous sommes tous d'une humeur épouvantable. L'appartement est petit, nous nous pilons sur les pieds, nous tournons en rond, nous sommes *sur des charbons ardents*. Nouvelle expression. *Sur des charbons ardents*, pas si facile à placer, mais là, ça marche parfaitement avec mon état et celui de ma famille. Je lui ai trouvé la bonne place.

MA place, est-ce que je vais finir par la trouver? Je la cherche depuis que je suis née et encore plus depuis que je suis au Québec. Depuis le slogan «Maîtres chez nous» de Jean Lesage, on dirait qu'on entend plus souvent les mots «Québec» et «Québécois».

Un mot que j'emploie de plus en plus: «DÉLI-VRANCE». Partir pour le Liban sera une sacrée belle délivrance. Avant de nous entretuer, je veux dire. Y a tant de fureur de colère de rudesse de violence dans ma famille que je me demande comment on fait pour rester vivants. J'exagère. J'exagère tout le temps. C'est plus facile. J'aimerais tellement ne jamais avoir à dire la vérité. La vérité c'est changeant, fragile, insaisissable, si on a le malheur de la révéler, elle fait toujours mal à quelqu'un.

Ce soir je ne fais rien. J'écris. Est-ce qu'écrire, c'est ne rien faire ?

Je m'ennuie de maman. Tellement. De mes frères et sœurs aussi. De maman, je ne pensais pas m'en ennuyer autant.

Ma sœur a passé toute l'année avec nous, elle a tout fait pour que le commerce se remette à marcher. Avec tous ses efforts et les miens, parce que moi aussi j'ai travaillé, souvent avec une mauvaise attitude, c'est vrai, mais j'ai quand même travaillé, tout le monde semble l'oublier dans cette famille qui n'a d'yeux que pour ma sœur. Pour moi, ils ont une autre sorte de regard, ils m'admirent d'une autre façon, comme artiste, mais ils oublient toujours que j'ai passé des centaines de milliers d'heures au magasin, moi aussi.

Ça n'a pas suffi, même avec toutes ses bonnes idées, le Saint-Vincent 5-10-15 ¢ s'en allait quand même à vau-l'eau. C'est une nouvelle expression que j'ai apprise dernièrement en lisant un roman de Balzac qu'une cliente a oublié et que j'ai apporté à la maison avec l'idée de le ramener le lendemain au cas où la cliente passerait le chercher. Je l'ai oublié ici et c'est tant mieux parce que le magasin a brûlé. On n'a pas réussi à sauver grand-chose, rien du tout, pour être plus exacte, mais au moins mes livres de poésie et de théâtre, mon livre de yoga, oublié lui aussi par une cliente qui n'est jamais revenue, et *La femme de trente ans* de Balzac ont été épargnés.

Où serai-je à trente ans ? À trente ans, ce sera la fin des rôles de jeunes premières, je serai vieille. En retournant au pays de mon père, je fais une croix sur mon métier d'actrice. Mais est-ce que je pourrai survivre sans jouer ? Juste à y penser, les larmes me montent aux yeux et je ne vois plus ce que je suis en train d'écrire.

Dieu sait ce que je vais trouver là-bas. Est-ce qu'on fait du théâtre à Beyrouth ? Sûrement qu'il y a une chaîne de télévision, mais en arabe, il faudrait que j'apprenne l'arabe, mais apprendre une nouvelle langue et la parler sans accent... Peut-être que je reviendrai au Canada. Est-ce que j'aurai la force le courage la détermination de revenir vivre ici, seule ? J'ai vingt ans, mais je me sens encore comme une enfant. Par bien des côtés, je le suis. M'ennuyer autant de ma famille, surtout de ma mère, en est une preuve.

Vingt. C'est un beau chiffre, le double de ma fausse date de naissance. Mais à force, ma fausse date est devenue la vraie, parce que ma vraie date, personne ne la connaît. Tu es née au printemps, les chèvres étaient dehors, m'a dit ma mère. Oui, mais le printemps, ça dure trois mois ! Il y a donc une chance sur quatre-vingt-dix que je sois née le 10 avril.

Mon vrai cadeau, je considère que je l'ai eu à la mi-mars quand j'ai travaillé une semaine entière à *La boîte à surprise*, pour cinq émissions. Je jouais un tout jeune prince arabe qui traverse la semaine et qui a des scènes avec presque tous les personnages. C'était un vrai cadeau, une semaine de rêve, d'autant plus que je n'avais pas besoin de m'en faire d'avoir laissé ma sœur ou mon frère travailler seuls, puisque kaput le magasin.

Qu'est-ce qui fait que travailler est une fête ? Est-ce qu'il y a quelqu'un au monde qui va travailler dans un bureau ou dans une usine ou dans un magasin et qui se dit comme moi quand je vais jouer : je m'en vais fêter ? JE VEUX TRAVAILLER, DONNEZ-MOI DU TRAVAIL S'IL VOUS PLAÎT. J'suis vraiment bébé lala. Je l'ai écrit, mon souhait, en lettres majuscules et détachées et espacées et renoircies comme si je le criais, pour que ça arrive. Mais ça n'arrivera pas.

En quittant Radio-Canada et, surtout, celle que j'ai tant aimée, madame Yarochevskaya, la Fanfreluche de mon cœur, je savais que ce serait mon dernier rôle. Pour personnifier le jeune prince, on m'a demandé d'ajouter «bonjour» et «au revoir» en arabe à chaque nouvelle rencontre. Ce que j'ai fait. C'est ironique quand même que mon dernier rôle à la télévision canadienne ait un rapport direct avec ce que je suis au fond de moi, avec cette partie de moi qui me vient d'Orient...

On dirait que je ne veux plus rien savoir de cette partie-là justement, rien savoir du tout des Arabes ni des Libanais, surtout depuis ce retour imposé. C'est plus fort que moi, je. Point.

Après une semaine de travail où j'ai pourtant joué avec d'autres comédiennes et comédiens tous très sympathiques, je savais que c'est à elle – Kim Yarochevskaya, arrivée très jeune de Russie, comme moi du Liban – que je disais adieu. À elle, ainsi qu'à ma vie ici. Ce sentiment très fort et très net de la fin de quelque chose me rendait si émotive que je suis partie sans la saluer, j'avais trop peur d'éclater en sanglots.

J'ai tellement peur que ce que j'aime me brise la vie.

Journal, 15 avril

Ça se précipite. Rien du côté de l'assurance, mon père est en furie, ça fait des années qu'on paye et quand vient leur tour de payer, ils nous font poireauter. Je pense qu'ils soupçonnent l'un de nous d'avoir mis le feu. Mais comme nous étions tous à la maison... ils vont être obligés de payer.

Papa dit que ça ne sert à rien de rester tous ici à ne rien faire, à part attendre. Il veut qu'on parte, mon frère, ma sœur et moi. C'est lui qui terminera ce qu'il y a à terminer : vendre le magasin de chaussures, ou sinon le bazarder, et surtout attendre le bon vouloir et le résultat des multiples enquêtes de l'assureur qui devrait nous payer ce qu'il nous doit.

On est dans de beaux draps. Le visage de papa est gris. Des années de travail, et il ne reste plus rien. Après Sainte-Rose, perte totale et pas d'assurance pour les toits qui s'effondrent, Saint-Vincent-de-Paul incendié. La malchance, comment appeler cela autrement ? Nous sommes une famille traversée par le feu et l'eau. L'eau éteint le feu. Une fois que tout est éteint, qu'est-ce qu'il reste ? Il reste le soleil du Liban sans un sou dans les poches. *Olé ! Viva, viva !*

Mon père et mon oncle sont allés à Ottawa chercher nos passeports canadiens. Ma grand-mère, mon oncle, sa jeune femme et mes deux petits cousins, nés ici, vont repartir dans quelque temps, eux aussi. Comme quoi, y a pas que mon père qui est zinzin. J'avais oublié que la piqûre des allers et retours incessants, c'est de famille! C'était plus drôle quand c'était juste des histoires racontées par mon père et pas encore arrivées jusqu'à nous.

Les billets d'avion sont réservés. La seule d'entre nous qui a un peu d'argent, c'est moi. Par chance, c'était une suggestion de papa que j'ai suivie, j'ai déposé tous mes cachets à la banque. Je n'ai jamais été payée pour travailler au magasin, aucun d'entre nous ne l'a été. Ce n'est pas dans nos habitudes ni dans nos coutumes d'être payés pour notre travail, mais nous prenons ce dont nous avons besoin à même la caisse, sans avoir à le demander. Avec tous les revers que nous avons subis depuis peu, il n'y a plus d'argent, il n'y a même plus de caisse enregistreuse.

Résultat, les billets d'avion pour mon frère, ma sœur et moi seront payés grâce à mon travail d'actrice. J'avoue que j'ai eu une certaine fierté à débourser cet argent, comme si ça légitimait mon travail d'actrice. Vous voyez, je ne fais pas seulement m'amuser, je travaille et je gagne aussi de l'argent! En même temps, je sentais une aberration : ce que j'ai amassé en faisant ce que j'aime m'éloigne à jamais de ce que j'aime...

Partir.

Oh mon Dieu.

J'aurai droit à une valise pour y entasser quatorze ans de vie ici. Je vais devoir laisser beaucoup de choses derrière moi. Par chance, les souvenirs ne prennent pas de place. C'est fou ce que le cerveau peut emmagasiner.

Journal, 21 avril 1965

C'est la dernière nuit que je passe dans ce que j'avais commencé à appeler mon pays…

Suis arrivée à six, je repars à vingt : quatorze ans de vie ici. Un claquement de doigts. Et hop ! C'est terminé.

Je n'ai pas hâte de partir, mais j'ai hâte d'arriver. Si maman n'était pas au Liban pour y rester, je ne laisserais jamais tout ce que j'ai essayé de construire ici. Le plus fatigant, c'était de ne pas travailler autant que j'aurais voulu. C'est dur de jouer, mais c'est encore plus dur de ne pas jouer. Je dis « dur », mais j'aurais dû écrire « exigeant ». Ça demande d'impliquer tout son être, de mettre en jeu son corps et son esprit et son âme. Il faut être au sommet de sa forme physique et mentale pour pouvoir donner le maximum… Je suis souvent malade depuis deux ans. J'étais malade pendant la journée d'enregistrement de *Septième nord*, où j'avais juste un petit rôle, n'empêche que le plaisir de jouer s'est transformé en : oh mon Dieu, j'espère que je vais tenir le coup.

Quand on ne joue pas, c'est le manque qui s'installe, le manque d'on ne sait quoi, le manque de tout, le manque de quelque chose d'essentiel qu'on ne sait comment nommer, qui est peut-être le plaisir de vivre tout simplement – on n'a tout à coup plus de raison d'être là sur cette terre, c'est alors le côté négatif en nous qui se réveille et qui ne fait que nous souffler de très mauvaises idées à l'oreille. La partie de nous qui ne demande qu'à se mouvoir, qu'à être heureuse, on dirait qu'elle disparaît, comme si elle n'avait jamais existé. On ne sait plus quoi faire et on se met à se détruire, à ne plus avoir confiance dans la vie ni en soi.

Mon Dieu, qu'est-ce que je vais faire si je ne peux plus exercer mon métier là-bas ? Je veux jouer. Jouer. Jouer. Jouer. Je crains, en partant d'ici, d'aller tout droit à ma perte.

Demain, nous partons.

Et j'ai peur.

J'ai en moi autant d'anticipation positive que négative. Avec la même force, j'ai hâte et j'ai peur de ce que je vais trouver.

Partir.

Comme je suis arrivée, je repars.

Sans savoir ce qui m'attend.

Après quatorze ans, ce départ, qui est aussi un retour.

Mais je sais qu'il n'y a pas de retour possible. Y a pas de retour. Jamais on ne retourne en arrière. J'avais six ans, j'ai maintenant vingt ans, je n'aurai plus jamais six ans, je n'aurai plus jamais cette liberté de l'enfant sauvage qui marche pieds nus sur la terre rouge. Mon père, je lui en veux d'avoir gâché notre vie. Il aime détruire ce qu'il a construit, c'est plus fort que lui. J'ai une rage en moi que je n'ai jamais exprimée. Je ne peux même plus espérer jouer un rôle qui pourrait le dire, me dire, hurler pour moi ma peine. Notre famille est à jamais brisée, notre vie aussi. Nous avons tous cédé à son fantasme du retour, bien que personne n'ait vraiment eu envie de faire le saut dans le vide, sauf ma sœur aînée. L'autre jour je lui ai demandé pourquoi. Elle a marmonné : n'oublie pas que c'est notre pays. Je sais que c'est notre pays, nous sommes nés là-bas, mais j'ai vécu trois fois plus longtemps ici, est-ce que ça ne pourrait pas devenir mon pays ? Elle a parlé de vraie mère et de mère adoptive. Je ne sais pourquoi, que ce soit en vrai ou pour la métaphore du pays, j'ai toujours pensé qu'une mère qui nous adopte quand on est jeune, qui nous élève, qui nous aime, c'est notre mère.

Je suis vraiment coupée en deux. Déchirée. Je peine à trouver le mot juste.

Je me souviens presque plus de la petite fille que j'étais.

Je me souviens seulement que j'avais si hâte de voir mon papa, que je n'avais pas vu depuis deux ans, que je n'ai même pas pensé à tout ce que j'allais perdre en partant.

Et aujourd'hui c'est seulement la hâte de voir maman qui rend le mal de partir un peu plus supportable.

Je ne m'ennuierai pas de mon amoureux, je n'en ai pas, ni de mes amis, ceux qui ont vraiment compté, Carmen et René, je ne les vois presque jamais. Et toute ma famille sera rendue au Liban.

Alors qu'est-ce qui va tant me manquer?

Ce métier que j'adore, qui étanche souvent ma soif et atténue mon chagrin profond.

Les gens d'ici avec qui j'ai une indéfinissable affinité.

Ce pays… oui, ce pays! C'est le pays de mon enfance, après tout, on est encore une enfant à l'âge de six ans.

Tout cela va me manquer. Beaucoup. D'autant plus que je n'ai pas choisi de partir. Je suis ligotée.

Mon ambition de réussir ma carrière n'est pas plus forte que ma peur de rester ici. Si c'était le cas, je resterais. Quand je me regarde, que je me juge sans aucune pitié, je vois bien que c'est ma couardise qui m'empêche de demeurer seule ici, ou de prendre un billet de retour pour revenir vite après avoir revu ma mère, mes frères et sœurs. Suis-je prête à affronter ma vie d'adulte? Mon attachement à ma famille et ma peur de vivre seule sont-ils trop grands? Est-ce qu'un jour j'arriverai à étirer ce cordon qui me lie à eux, à défaut de le couper? Est-ce qu'un jour j'arriverai à vivre ma vie?

J'aimerais revenir.

Même si je sais qu'il n'y a pas de retour possible.

Tout aura changé, quand je reviendrai. Tout sera à recommencer. Mais peu importe.

Je reviendrai quand même. Juste par amour. Du passé, et de mon deuxième pays d'enfance, et pour reprendre ma vie là où elle s'est arrêtée.

Dans ce sens, je ne suis pas si différente de mon père qui veut retrouver le pays de son enfance et de sa jeunesse.

Mais le Liban, c'est son rêve à lui, pas le mien !

Mon père nous a tant parlé de son pays que je suis presque certaine d'être déçue. Il ne faut quand même pas se leurrer, je suis assez grande pour décoder que le Liban est un pays fait pour les hommes, et que les femmes sont loin derrière, et que pour une jeune fille, avant le mariage, avec tout ce qu'il faut protéger, et faire et ne pas faire, ça va être l'horreur.

Je sais que pour nous, les filles, le feu qui couvait ici va éclater au Liban et faire des flammèches et embraser nos vies, tout simplement parce que nous sommes des filles. Nous serons asphyxiées par les interdits liés à notre sexe, et sûrement à mon métier d'actrice, si j'arrive à avoir là-bas un semblant de métier. Actrice, aussi bien dire putain. Je pressens tout cela, je le devine entre les mots que mon père n'a pas voulu trop clarifier, et si ma sœur veut y retourner, après y avoir séjourné pendant une année, c'est parce que sous des dehors de fonceuse et de fille moderne, elle aime les traditions, elle s'y sent à l'aise, et plus elle vieillit, moins elle les remet en question. Moi, c'est le contraire, mais le résultat est le même. Je fais tout ce qu'on attend de moi. Je suis faible.

J'ai fait ma valise, nous nous envolerons demain, et je n'ai même pas pris de billet de retour.

C'est affreux de me voir telle que je suis devenue. Si loin de la petite héroïne que je croyais être. Celle qui était si différente des siens, celle qui allait les sauver, celle qui faisait fi des regards, qui montait sur scène, et qui disait voilà, et si vous n'aimez pas, tant pis, ce sera pour la prochaine fois !

Quelques années à peine m'éloignent de celle que j'étais, et je ne me reconnais plus.

Je pars quand même.

Peur et hâte entremêlées.

Et le regret de l'inachevé et de l'inaccompli.

Je pars sans billet de retour, avec quatorze ans de vie dans ma tête et serrés dans mon cœur.

Je vais fermer mon cahier, et je l'ouvrirai là-bas, au pays de mon père, là où on cache les filles.

Cet ouvrage composé en Bembo corps 12,5 a été achevé d'imprimer au Québec
sur les presses de Marquis Imprimeur le vingt-huit avril deux mille quinze
pour le compte de VLB éditeur.